CW00521530

EL ARTE DE LAS VENTAS

Descubre los Secretos de los Mejores Vendedores
del Mundo e Incrementa tus Ganancias más Allá
de lo que Pensabas Posible

ANTHONY DAVIDSON

Índice

Introducción

EN LA ACTUALIDAD, una de las profesiones más solicitadas es la de las ventas debido a su oportunidad de enormes ganancias. El término de "ventas" abarca todas las actividades necesarias para proveerle a un cliente, individuo o empresa, un producto o servicio a cambio de dinero.

Entre estas actividades está incentivar a los clientes potenciales haciéndole ver o creer que aquello que se vende es una necesidad para el consumidor.

La actividad comercial es algo que existe desde antes de la invención del dinero. Las personas comenzaron esta actividad intercambiando bienes por medio del trueque.

. . .

Con la invención del dinero se estandarizaron los intercambios para cambiar cierta cantidad de dinero por un producto o servicio.

Las empresas requieren de las ventas y sus ganancias para poder crecer. Las tres prioridades para cualquiera que se dedique a las ventas son lograr efectuar más transacciones, mejorar la eficiencia de los procesos y reducir el tiempo que lleva concretar una venta. El objetivo de las empresas comerciales es conseguir clientes, estar en contacto con ellos, entablar una relación positiva y ofrecerles una solución (tu producto o servicio) que les ayude a crecer.

Las universidades reconocen la importancia de enseñar las habilidades necesarias para las ventas para ayudar a que los estudiantes tengan más oportunidades de trabajo al graduarse. Hoy en día, la mayoría de las carreras incluyen materias de marketing y de comunicación para aprender la forma del discurso de ventas y saber vender un producto. Además, cada día hay más opciones de carreras relacionadas con mercadotecnia, ventas y negocios. Las universidades invierten en prácticas profesionales dentro de la rama para asegurarse de que sus estudiantes tengan experiencia y oportunidades para cuando salgan de la escuela.

· · ·

Existen dos tipos de modelo de ventas según el comportamiento del consumidor: las externas y las internas. En tiempos antes de las tecnologías de la información, las personas tenían que acudir a una tienda física para conversar con un vendedor. Hoy ya no hace falta porque el interesado puede buscar en internet y los vendedores pueden acudir a él. La venta interna se enfoca en la atracción de clientes, mientras que la venta externa busca a los clientes.

Aunque son diferentes, las ventas externan proporcionan muchos beneficios para las empresas, algunas incluso sólo llegan a utilizar este método. Hay más control sobre cuándo y cómo será el abordaje al posible cliente, por lo que ya no es necesario esperar hasta que la persona se interese por tu producto o servicio. Por esta razón, se puede decir que la venta externa proporciona más posibilidades de venta.

Algunos métodos para las ventas externas son la venta a domicilio, por medio de correo electrónico (SPAM) y anuncios emergentes. La más efectiva de estas es la venta de puerta en puerta, ya que logra llegar a toda la población.

Los vendedores tienen un papel mucho más activo en la selección de los clientes adecuados, por lo que la empresa consigue a los clientes que quiere y a los demás interesados, aunque no sean el modelo ideal, lo que se traduce en más ventas. En cambio, la venta interna es la que se hace por atracción, blogs y optimización en el motor de búsqueda, además de que el centro del negocio es el cliente, por lo que la empresa tiene que esperar a que el cliente potencial actúe por sí mismo.

La venta externa funciona muy bien con las empresas que ya saben quién es su cliente potencial o las que se enfocan en un nicho, pero igualmente sirve para aquellas que quieren abarcar el número máximo de clientes. Por eso, se puede decir que la mejor forma de vender y de generar el máximo de ganancias es por medio de las ventas a domicilio o a puerta fría, ya que el vendedor, si está bien entrenado, puede lograr que cualquier persona se vuelva un cliente.

Los clientes de los vendedores a puerta fría es muy probable que no busquen información, no planean comprar el producto o servicio e incluso es posible que ni siquiera supieran que existía. El vendedor requiere tener un proceso de seguimiento sistemático y comprensivo con el cliente para establecer necesidades y luego ofrecer soluciones que incluyen ciertos beneficios.

Las ventas a domicilio consisten en que un vendedor visite al cliente en su propia casa con el objetivo de vender un producto o servicio de una compañía. Es uno de los mejores métodos de venta ya que ofrecen el producto o servicio directamente al consumidor final, sin intermediarios, lo que significa menos gastos en pasos innecesarios.

También se le conoce como ventas a puerta fría porque el vendedor va tocando las puertas de cada casa que encuentra.

Las ventas a puerta fría significan que el vendedor participa en el estudio de las posibilidades de un futuro negocio a la vez que dispone de algunos datos informativos. En vez de basarse en la mercadotecnia para atraer a nuevos clientes, los vendedores van de casa en casa, literalmente, haciendo que las personas se interesen en la conversación respecto a las características y beneficios del producto o servicio que representan.

Las técnicas de sondeo de las ventas a domicilio también se utilizan para promocionar o hacer campaña de productos y servicios. En cualquier caso, los vendedores a puerta fría intentan hacer que una persona se interese o que esté lista para comprar el producto, servicio o idea, por lo cual se puede decir que están generando demanda.

Existe un gran estigma, respecto a las ventas de puerta en puerta, ya que muchos consideran que es una forma anticuada de vender. La nueva generación de las ventas no tiene idea de lo eficientes y poderosas que son las ventas a domicilio. La realidad es que es que en las ventas a puerta fría todavía funciona, al menos el 65% de los vendedores obtienen una cuota, lo cual es 10% más alto que los que venden de otra forma. No obstante, esta forma de vender no es para cualquier persona ni para cualquier tipo de negocio. Se requiere cierto tipo de persona y de proceso para hacer que funcionen las ventas a domicilio.

Los vendedores a domicilio ganan miles de millones de dólares al año para una gran variedad de compañías.

Seguridad del hogar, herramientas, aditamentos para el hogar, pesticidas, servicios de cable, mantenimiento para el jardín, soluciones de energía alternativa y una gran cantidad de mejoras para el hogar y servicios variados.

Antes de que llegara el siglo XXI, los vendedores a domicilio principalmente eran un hombre de negocios de mediana edad vestidos de traje y corbata cargando con portafolios lleno de productos de limpieza y enciclopedias.

Pero ahora, la industria está dominada por jóvenes de veintitantos años, vestidos con playeras polo y pantalones cortos, equipados con una gran cantidad de imágenes y vídeos de sus productos y servicios en acción.

· · ·

A pesar del escepticismo por las ventas de puerta en puerta o ventas a puerta fría, muchas industrias continúan promocionando sus productos y servicios de esta manera. Las grandes compañías que tienen éxito están creciendo rápidamente en las ventas a domicilio y continúan moldeando su modelo de negocios alrededor de este tipo de comercialización. Esto no sólo es bueno para las compañías de marketing con este estilo de ventas, sino que los representantes de ventas de estas compañías también están ganando mucho dinero.

Los estudiantes universitarios que trabajan de vendedores durante el verano están ganando cerca de 500 mil pesos para algunas compañías, y los representantes de ventas a tiempo completo llegan a ganar cuatro veces más anualmente, por lo cual no es ningún misterio por qué este tipo de trabajo se está volviendo popular.

Las ventas a domicilio también se han vuelto populares en internet.

Cuando buscas "ventas de puerta en puerta", encontrarás cerca de 50 millones de enlaces relacionados con el tema.

En YouTube la descubrirás miles de videos de autoproclamados expertos que comparten su consejo y técnicas para lograr las ventas de puerta en puerta y ser un gran vendedor.

En este libro hablamos de los mejores métodos para un vendedor de puerta en puerta, métodos que han sido comprobados y que tienen éxito para lograr la venta. Con estos consejos podrás ganar millones de pesos a partir de tus ventas personales, así como de las ventas en equipo para la compañía. Las ventas a puerta fría es una manera legítima de generar mucho dinero en poco tiempo.

Sin embargo, existen muchas personas que creen que los vendedores de puerta en puerta son estafadores que saben hablar bien y rápido y que no venden nada que sea realmente útil o legítimo.

Los clientes exigen su dinero de vuelta y reclaman que fueron acosados y orillados a comprar el producto o servicio que ese vendedor representaba y que los obligó a comprar.

No es de extrañar, ya que algunos malos vendedores utilizan prácticas deshonestas y se aprovechan de los clientes potenciales. Pero estos son sólo unos cuantos, quienes, por desgracia, son los que han generado esa mala reputación para la mayoría de los vendedores de puerta en puerta, quienes son honestos y realmente buenos en su profesión.

. . .

Debido a la deshonestidad relacionada con la industria de ventas a domicilio, es normal que uno rechace la idea al inicio. Se han escuchado muchas historias de vendedores que tienen que mentir para lograr vender sus productos y obtener algo de ganancias. Esto puede ser especialmente poco atractivo para las personas con una buena ética laboral, en especial si ya tienen un trabajo con un ingreso estable y tienen grandes planes para el futuro.

Pero esto no tiene porqué ser así. Ya que los vendedores a domicilio ganan por comisión, un buen vendedor puede ganar más de 40 mil pesos al mes, además de la oportunidad para seguir creciendo en la rama y lograr mejores puestos de trabajo. Cuando el trabajo es legítimo, honesto y bien hecho, las oportunidades son inmensas.

Desde el inicio se pueden lograr hasta cien mil pesos en seis meses y, si realmente te esfuerzas puedes llegar a ser uno de los mejores vendedores a domicilio, por lo cual te van a apreciar mucho en tu compañía y te seguirá brindando oportunidades.

Si eres un estudiante, puedes aprovechar tus veranos y tiempo libre para vender a domicilio y así lograr un ingreso rápido y momentáneo que puede ayudarte a pagar tus estudios o cualquier cosa que desees. No tienes que sacrificar tus estudios para lograr tener un buen ingreso, sólo tienes que aprender a ser un buen vendedor durante los veranos.

Las ofertas de trabajo en la actualidad ofrecen un salario bastante mediocre y las oportunidades para conseguir mejores puestos laborales y un mayor salario son bastante difíciles de conseguir, además de que el salario tampoco es bastante bueno, todo esto se compara con lo que puedes ganar en las ventas a domicilio. Las ganancias de dos meses pueden llegar a equiparar tu salario de todo un año en una empresa convencional.

Después de un entrenamiento y preparación adecuados podrás dedicarte a las ventas al domicilio de forma exitosa. Se gana un buen dinero, aunque tienes que estar viajando constantemente.

Con un poco de experiencia incluso puedes llegar a crear tu propia empresa. Saber vender es una de las mejores habilidades que puedes tener en el mercado laboral de la actualidad, ya que te permite vender grandes cantidades en muy poco tiempo.

. . .

Creo firmemente que los buenos vendedores no simplemente nacen, sino que se hacen. Unas buenas técnicas de ventas son la base para lograr tener un buen empleo y un buen negocio. Los métodos de este libro son los más exitosos y comprobados del mercado, además de que no tienes que comprometer tu integridad moral para lograr generar dinero. Este libro contiene los métodos que funcionan en los entornos de ventas más difíciles y te pueden beneficiar en cualquier entorno laboral, no sólo en el de ventas, ya que todos los empleos de hoy en día requieren que sepas vender tu trabajo de forma honesta.

1

Las ofertas de fin de temporada y el Buen Fin

DEPENDIENDO DEL PAÍS, existen días específicos del año en el que las ofertas son más abundantes. En Estados Unidos existe el tan conocido Viernes Negro, que cae en el viernes inmediato al Día de Acción de Gracias. En México existe el Buen Fin, que cae en el fin de semana anterior al Viernes Negro. Estas fechas son de los días más abundantes en cuanto a ventas. El objetivo de las ofertas y promociones de estas fechas es que las tiendas generen más ganancias y puedan pasar de los números rojos a los negros.

Durante estos días, los ingresos llegan a cifras exorbitantes. Cada año son más y más las ganancias e incluso se han superado las predicciones. A partir del 2012 también se pueden considerar las ventas por internet, ya que han logrado ganancias de millones de pesos.

Se sabe que, en Estados Unidos, por el Black Friday,

hay personas que hacen fila en las tiendas desde el día anterior; igualmente hay tiendas que abren el Día de Acción de Gracias para acaparar más clientes. El sentimiento de gratitud se reemplaza rápidamente por una sed de ofertas y rebajas. También son comunes los abarrotamientos y las peleas en las tiendas.

Hay casos extremos en los que los clientes se atacan unos a otros para lograr obtener el último producto o que la avalancha de personas puede llegar a aplastar a algún cliente descuidado o incluso a un empleado. De verdad se puede considerar como una oportunidad única en la que se pueden ver grandes oportunidades de compra y el lado inhumano de algunas personas.

Aquello que ha llevado a los seres humanos hasta ese punto de locura y desesperación es, a final de cuentas, el deseo de adquirir productos limitados que las tiendas ofrecen por un tiempo limitado a precios rebajados. Estos son los tres componentes (oferta limitada, tiempo limitado y descuentos) que crean el fenómeno perfecto que son las ofertas de fin de temporada y el Buen Fin. Cuando los clientes pueden comprar estos productos limitados, se tienen a sí mismos como héroes o los vencedores en una carrera contra el resto del mundo, como si hubieran obtenido un trofeo tan anhelado.

Estos días de promociones especiales son el perfecto

ejemplo de la razón por la cual creo que la naturaleza humana nos lleva a querer adquirir cosas exclusivas, que nos ayudan a ganar y a ahorrar dinero. Por eso, cuando nos comunicamos con los clientes potenciales, aquellos vendedores que son capaces de replicar el espíritu del Buen Fin podrán capitalizar con el deseo innato de la humanidad.

Para que esto suceda, se tiene que lograr expresar lo siguiente. Primero, tiene que existir un descuento que se ofrezca a un número limitado de personas. Esto obliga al comprador potencial a comprar el producto o servicio antes de que alguien más lo haga.

Segundo, tiene que haber una fecha limitada para cuando expire la oferta. Este tiempo puede estar determinado por la cantidad de producto o por las fechas en las que estará el vendedor en el área.

Si el cliente potencial cree que puede comprar un producto o servicio en cualquier momento que desee al mismo precio que se le está ofreciendo, entonces lo va a comprar en sus términos, no en los términos del vendedor.

. . .

Por lo tanto, se debe trazar el límite respecto a la cantidad de productos o servicios que se ofrecen con descuento y el tiempo que dura la oferta hasta que expire.

Un ejemplo de esto es cuando el vendedor novato Alan H. ya iba a dejar el trabajo y era su último día, pero resultó que fue la vez que más vendió. Esto se debe a que hizo las cosas un poco diferentes de lo que acostumbraba hasta ese momento. Como sabía que ese era su último día vendiendo, hizo énfasis en lo importante que era que la gente supiera que la oferta era sólo por ese día y nada más. Cuando los clientes le decían que querían pensarlo y llamarle luego, él dijo que ya no estaría en el área y que si querían el producto tenía que ser ese día.

Alan proporcionó una duración fija para la oferta y una fecha de expiración, además de que no cedió en ningún momento. De verdad era una oportunidad única, todo o nada. Sus ganas de no mover la fecha límite fue lo que lo recompensó enormemente, lo que lo llevó a ganar casi 16 mil pesos en ese último día de trabajo.

Una vez que has establecido una fecha límite, debes apegarte a ella, aunque eso signifique perder una posible venta.

. . .

Al final, los vendedores logran generar más ventas cuando se apegan a la fecha límite que las que ganan cuando le dan tiempo al cliente para tomar una decisión. Los clientes probables son conocidos por decirle a los vendedores que van a llamar cuando hayan pensado su oferta. Pero, por experiencia puedo decir que, en la mayoría de los casos, esta resulta ser una promesa vacía.

Cuando un cliente pide más tiempo para pensar en una oferta, tal vez puedas contraatacar diciendo algo como: "puede pensarlo todo lo que quiera, pero como solo tengo dos productos más en oferta se los tengo que vender a las primeras dos personas que se comprometan. Si alguien los quiere comprar antes de que usted tenga la oportunidad de decidir, estoy seguro de que comprende que la oferta es por tiempo limitado al que lo quiera. Seguiré hablando con sus vecinos. Cuando acabe con mi última entrevista, estaré feliz de volver para que tenga tiempo de pensarlo".

La respuesta de la persona te dará buenas señales sobre si la persona de verdad necesita más tiempo para pensarlo y está genuinamente interesada en aprovechar la oferta.

Si sigue insistiendo en que necesita más tiempo para pensarlo, puedes contestar "tómese su tiempo y asegúrese de que de verdad lo quiere. Una vez que hayan vendido estos últimos dos ejemplares, el producto volverá a su precio original. Siempre puede llamar y pagar el precio completo, pero si quiere aprovechar la oferta, tengo que saberlo hoy porque estoy seguro de que alguien más aprovechará la oportunidad".

Los vendedores y representantes de ventas deben vender en sus términos, no en los de su posible comprador. El deseo del cliente potencial de comprar el producto o servicio debe ser mayor que el deseo del representante de querer venderlo.

Alejarse voluntariamente de una posible venta demuestra que la fecha límite para aprovechar la oferta es legítima.

Tener confianza en la exclusividad y en la fecha límite de la oferta incita la reacción de los posibles clientes.

Conforme los vendedores representan esta actitud, son capaces de despertar el espíritu de las rebajas en las personas y de instaurar en ellas el deseo de obtener ese descuento antes de que alguien se los gane.

2

Hacer que lo deseen

Es MUY interesante la conducta humana cuando un objeto se vuelve muy importante porque alguien más lo quiere. Es muy frecuente observar esta conducta en los niños. Cuando un niño decide jugar con un juguete, el otro enseguida también quiere ese juguete. No importa que tan simple o viejo sea el juguete, porque uno lo quiere, ya se vuelve el juguete más valioso de todos. Aquí es cuando los niños se pelean y hacen berrinches por el mismo objeto, hasta que el segundo niño obtiene lo que quiere, que le den el juguete. No obstante, cuando ya lo tiene y el primer niño ha perdido el interés, entonces el juguete deja de ser interesante.

Esto es un ejemplo de que las personas valoran más un objeto cuando es importante para alguien más.

.   .   .

Si alguien lo desea, entonces los demás también, independientemente de si es un objeto sin importancia, común o no muy útil.

Ese instinto de la infancia pervive en los seres humanos hasta la adultez. Piensa en aquel objeto que no usabas, pero que prestaste. En cuanto dejó de estar en tus manos comenzaste a extrañarlo, buscas excusas para usarlo y, de repente, vuelve a ser importante para ti. Sólo piensas en cuándo te lo van a regresar y que te vuelve loco no tenerlo.

Entre estos ejemplos, está el de un señor que compró una casa sin haberla visitado antes. Al inicio quería visitar la casa y pensarlo unos días. No obstante, cuando se enteró de que había otros compradores posibles que visitarían la casa ese día, decidió que la información y las fotos que tenía eran suficientes. Enseguida aceptó la oferta y acudió a las oficinas a firmar el contrato de venta, antes de que la otra persona si quiera pudiera poner los ojos en la casa.

Creo que la naturaleza humana nos hace desear aquello que los otros valoran. Para ser un buen vendedor, tienes que hacer que tus posibles compradores quieran lo que estás ofreciendo.

· · ·

Esto lo puedes lograr al dejar que la persona sepa que su vecino ha comprado lo que estás vendiendo con descuento, y que él o ella tiene la oportunidad de hacer lo mismo. También tiene que saber que, si deja pasar tu oferta, se van a perder del descuento porque alguien más lo va a aprovechar.

Esta técnica funciona sólo si sabes los nombres de los vecinos de tu posible cliente. Mencionar los nombres de los clientes actuales o de otros con los que has hablado te ayuda a establecer credibilidad con las personas. Luego de eso puedes comenzar el proceso de hacer que deseen lo que sus vecinos ya tienen. Para tener éxito en el área de ventas, debes desarrollar el hábito de mencionar los nombres con cada cliente potencial. Las técnicas de mención de nombres más efectivas son:

1. Preguntar los nombres de las personas que rechazaron tu oferta
2. Usar los nombres de los clientes actuales de la compañía
3. Usar nombres de los clientes a los que ya les has vendido

Preguntar nombres
   Este tipo de ventas consiste en que una persona

completamente desconocida y llega a la puerta de los hogares a vender un producto o servicio que puede requerir o no el habitante de esa casa. Lo importante de todo esto que es que el vendedor logre crear una conexión con el posible cliente para que no lo considere un invitado no deseado. Para esto, se utiliza la técnica de mencionar los nombres de los vecinos o del posible cliente.

Si estás vendiendo en un área en la que no tienes clientes, lo mejor es empezar a preguntarle su nombre a todas las personas con las que entras en contacto. Conforme recopilas y usas el nombre de aquellos que rechazan tu oferta, todavía sigues teniendo una razón para quedarte en la zona.

Cuando un posible cliente rechace tu oferta, puedes decir algo como, "gracias por su tiempo. Tal vez tenga interés en otra ocasión. Le repito, mi nombre es Francisco". Y cuando extiendes tu mano para saludar a la persona, le preguntas: "¿Cuál era su nombre?".

Luego, cuando haces contacto con los vecinos de la persona, puedes comenzar la conversación al decir, "Hola, mi nombre es Francisco, y vengo de parte de la Empresa de Aires Acondicionados Fríos. Hace un momento estaba hablando con su vecina, Martha, y quería que usted supiera…".

Este método para recolectar y usar nombres te permite hacerlo sin comprometer tu integridad. No estás diciendo que la personas con la que acabas de hablar es un cliente. Por el contrario, solo quieres que esa persona sepa que has hablado con sus vecinos.

Sin embargo, si la persona pregunta si esos nombres que mencionaste son de clientes, por supuesto que puedes explicar que no lo son. Incluso puedes explicar porque no aceptaron la oferta.

Clientes actuales

Dependiendo de los productos o servicios que estés ofreciendo y de la compañía para la que trabajas, los acuerdos de confidencialidad pueden impedir que obtengas los datos de tu cliente actual. Sin embargo, si tienes el permiso de usar el nombre de tu cliente actual, entonces querrás usarlo definitivamente.

Una vez que las personas sepan que sus compañeros han estado usando tu producto o servicio, es mucho más probable que quieran considerar comprar estos productos a ti. Pocas personas quieren ser el conejillo de indias del vecindario para comprar algo que nadie más ha mostrado interés por comprar.

Para usar los nombres de tus clientes actuales, puedes comenzar una conversación con un posible cliente al decir, "no estoy muy seguro de si usted sabe que la familia López de aquí al lado y la familia Trejo de la esquina son nuestros clientes, por lo que le estamos ofreciendo a algunos de sus vecinos la oportunidad de obtener nuestros productos con un descuento especial…".

Esta técnica te da una razón válida para estar en el vecindario y para preguntar su información. Ya tienes clientes en la calle, por lo que tiene sentido que tengas más negocios en el área en la que ya tienes una base de clientes.

Usar los nombres de tus clientes

Por último, es absolutamente indispensable que uses los nombres de los clientes a los que ya les has vendido.

De hecho, si tienes un acuerdo de servicio firmado a la mano, deberías comenzar tu encuentro mostrándole al posible cliente la información de su vecino en el acuerdo y explicarle, "acabo de terminar de hablar con Pablo y Margarita de aquí enfrente (apuntas a su casa), y vamos a entregarle sus productos mañana por la tarde. Ya que nuestro camión de entregas estará mañana por el vecindario, puedo ofrecerle a un par de vecinos un descuento increíble en nuestros productos…".

Un contrato firmado te da la razón más legítima para preguntarle a los vecinos de tu cliente si tienen interés en tu producto o servicio. Incluso si una casa tiene un letrero de "No vendedores" y tiene una reja con alambre de púas, puedes acercarte con confianza a esa casa sabiendo que tienes en tu mano el contrato firmado por sus vecinos y, por lo tanto, puedes hacerles saber lo que sus vecinos están haciendo.

En muy pocas circunstancias te acercarás a un posible cliente sin usar los nombres de las personas que viven en la zona. Olvidar la mención de nombres le dará "mala espina" a las personas y te hará quedar como un invitado no deseado en el vecindario. Al crearte el hábito de mencionar nombres de forma apropiada, podrás tranquilizar a las personas porque ellos saben que conoces a alguien que ellos conocen.

Ahora que tienes unos cuantos nombres que mencionar, puedes comenzar el proceso de hacer que las personas quieran lo que tienes. Esto se logra efectivamente al tentar a los posibles clientes a comprar lo que sus vecinos ya tienen o al darles la oportunidad de comprar algo con descuento antes de que sus vecinos lo hagan.

Aumentarás la cantidad de ventas si puedes convencer a las personas de que se unan a sus vecinos y compren tu producto o servicio (conocido como efecto de arrastre) o de invocar el espíritu de la competitividad entre los vecinos para tentarlos a aprovechar la oferta antes de que alguien más lo haga.

El efecto de arrastre suele ocurrir en la política cuando los medios o la persona influyente le da su aprobación a un candidato en particular o a una situación. Algunos votantes basan su decisión sobre qué o quién elegir simplemente por imitar a los demás, en vez de investigar a los candidatos y examinar las situaciones por sí mismos.

En un intento por ganar dinero por medio del efecto de arrastre, los candidatos políticos suelen pasar mucho tiempo haciendo campaña en las ciudades pequeñas y en los pueblos, generando pequeños escándalos o hablando con las personas de a pie, para así lograr que las personas hablen de ellos. Entre más se hable de ellos, más se dan a conocer.

. . .

En Estados Unidos, el estado más importante en las elecciones es Iowa, ya que se dice que es la primera prueba para ver quién podría ser el vencedor. En México depende de los debates presidenciales y de quién genera una mejor opinión pública. Igualmente se dice que el Estado de México tiene una gran influencia por la cantidad de votantes y por la cercanía con la capital, por lo que muchos candidatos quieren ganarse su favor.

Otra forma de hacer que las personas actúen es provocar su espíritu de competencia. Como seres humanos, estamos naturalmente motivados por los retos, mientras que tendemos a perder el interés en aquello que es simple y poco complicado.

Un ejemplo muy conocido de esto sería en el mundo de las citas. "Hacerse el/la difícil" puede hacer que una persona sea más deseable para sus pretendientes. Ser elusivo es lo que aumenta la emoción de la persecución.

Por el contrario, si es algo que se obtiene muy fácilmente, en cualquier momento, entonces las personas pueden perder el interés rápidamente. Si no hay un reto, es muy probable que no haya interés.

· · ·

Los vendedores que son capaces de hacer que las otras personas hagan lo mismo que sus vecinos y sembrar las semillas de la competencia entre estas personas, podrá generar un mayor interés en sus posibles compradores, lo cual, a cambio, genera más ventas.

El concepto de "hacer que lo deseen" se puede resumir de la forma siguiente: comienza al mencionar nombres de forma apropiada para establecer tu credibilidad. Luego puedes usar el efecto de arrastre o incitar a la competencia entre vecinos con tu oferta. Conforme usas estas técnicas, tus clientes te considerarán cada vez menos como un extraño comerciando con productos no deseados y cada vez más como un mensajero comunicando información valiosa.

Esa es la receta del éxito en las ventas a domicilio. Tú eres un vendedor a puerta fría, pero no debes ser percibido como uno. Tus posibles clientes solamente deben pensar en ti como un mensajero de información. Si puedes lograr eso, el éxito está asegurado.

3

La receta del éxito

En los siglos XV y XVI, cuando un mensajero llevaba malas noticias a una persona, generalmente de alto rango, el pobre mensajero solía ser torturado o asesinado, sólo por haber comunicado algo indeseable.

En varias obras de teatro, series de televisión y películas ambientadas en la época, se suele mencionar que los mensajeros de malas noticias nunca son bien recibidos, por lo cual siempre están en riesgo por los asesinatos. Nadie quiere ser un mensajero de malas noticias.

Por el contrario, los mensajeros que llevan buenas noticias son celebrados, se les regalan banquetes y regalos. Por desgracia, los vendedores a domicilio suelen ser estereotipados como mensajeros que traen malas noticias.

Por eso, para que la gente te reciba bien, quieres ser

un mensajero de buenas noticias. No quieres ser el típico vendedor que nunca quieren recibir.

Cuando eres un buen vendedor puedes recibir varios cumplidos como: eres un gran vendedor, realmente nos vendiste el producto, simplemente no te puedo decir que no. Aunque esto es muy bueno de escuchar, el mejor cumplido que puede recibir un vendedor a domicilio es: "me alegra tanto que no fueras uno de esos vendedores de puerta en puerta".

Este cumplido es el mejor porque significa que no te consideran un mensajero de malas noticias. Cuando un cliente estresa este sentimiento, se puede decir que el vendedor ya ha aprendido la receta del éxito. Hasta que los clientes ya no te reconozcan como un vendedor de puerta en puerta, es hasta este momento que de verdad te has vuelto un vendedor profesional. El objetivo es obtener ese cumplido.

Si actúas como el típico vendedor a domicilio, es seguro que no vas a lograr vender. No puedes tener las expectativas preconcebidas del vendedor a domicilio común, ya que los clientes serán quienes tengan el control de la venta.

Ya que los vendedores a domicilio han inundado las puertas de los posibles compradores a lo largo de los años, las personas han llegado a crear sus propios métodos para lidiar con estos visitantes no deseados.

Los vendedores eficientes superan esas expectativas; quieren llegar a ser únicos, agradables, están informados y están dispuestos a alejarse de una posible venta para demostrar que no son el típico vendedor. Se esfuerzan para lograr dejar una buena primera impresión y lograr recibir el mejor cumplido. Recuerda que quieres ser el mensajero de buenas noticias.

A lo largo de este libro hablaremos de varios consejos para lograr efectuar una pinta a puerta fría. Considera que no debes comenzar la conversación hablando de la venta, debes crear una conexión y necesidad antes de hablar de vender. Puedes hacer una demostración o mostrar los proyectos que llevas para proporcionar una imagen visual de lo que quieres vender.

El cliente no te conoce, así que debes hacer que se relaje y se sienta cómodo contigo. Tu primer objetivo es que se relaje y escuche lo que tienes que decir. Considera que las preferencias iniciales del cliente nunca son claras, ya que dependen de las circunstancias del momento.

Por esta razón, el vendedor debe demostrar o crear el valor de la oportunidad para hacer que la persona cambie de opinión y quiera comprar el producto o servicio.

. . .

Debes estar preparado para las objeciones del cliente. Es completamente normal que recibas una negativa al inicio, por eso debes tener respuestas preparadas para cada una de las objeciones que pueda tener un cliente. Para esto, debes estar bastante informado del producto o servicio que quieres vender.

A continuación, hablaremos de unas cuantas sugerencias para transformarte del típico vendedor al mensajero de buenas noticias:

- Sé un setenta
- Sé agradable
- Debes estar informado
- Debes estar dispuesto a alejarte

Sé un setenta

Si eres honesto contigo mismo, es muy probable que seas una persona promedio, algo aburrida.

En tu vida diaria es probable que seas algo soso y que no llames mucho la atención. Esto es bastante normal para la mayoría de las personas. Incluso en los grupos sociales, es normal que no resaltes tanto.

. . .

Sin embargo, como es de esperar, no puedes ser este mismo tipo de persona cuando eres un vendedor. Debes cambiar tu forma de ser a la hora de encontrar a un cliente. Tienes que ser capaz de adoptar esta nueva personalidad, como si fueras un actor. Si no realizas este cambio, es muy probable que aburras a tus posibles clientes.

Piensa en el volumen de la televisión. Cuando el volumen está demasiado bajo, no puedes escuchar casi nada. Pero, cuando subes demasiado el volumen, la sientes como que te vas a quedar sordo por el sonido abrumador. Piensa que los vendedores son como el volumen de la televisión.

Por lo general, los vendedores suelen estar a la mitad, son ordinarios, no logran llamar la atención. No existe nada único ni entretenido en su forma de ser y hablar, las personas se desconectan en cuanto escuchan que empiezan a hablar. Si quieres tener éxito en el mundo de las ventas, no puedes ser un 50 o 40. Estas personas son las que son rechazadas de inmediato y no logran vender.

Está bien hablar con tus conocidos en este nivel, pero no con los clientes. Simplemente no vas a lograr nada.

. . .

Recuerda que eres un actor que debe conquistar a su audiencia. Tienes que transformarte y subir un poco el volumen para lograr atrapar la atención de tus clientes.

Se puede decir que el volumen perfecto es el 70. No es ordinario y tampoco llega a ser demasiado abrumador como para que las personas sólo quieran huir de ti. En este volumen, las personas pueden poner atención durante más tiempo porque la charla es entretenida y fácil de escuchar.

Es importante mantenerse fieles a uno mismo, pero también comprender que no basta con ser una persona ordinaria para llegar a inspirar e interesar a las otras personas. Si eres un vendedor, tienes que llegar a entretener.

Notarás una diferencia inmediata en la manera en la que te tratan los posibles clientes solamente con aumentar un poco el volumen.

Sé agradable

Al ser un vendedor a domicilio ya tienes dos desventajas en tu contra. La primera es que eres un invitado no deseado. El segundo es que has llegado a vender un producto o servicio que no ha sido pedido expresamente.

Por lo tanto, le tienes que dar a tu posible cliente una razón para que te reciba un, de lo contrario, te van a rechazar rápidamente.

Es verdad cuando se dice que te tienes que vender a ti mismo junto con tu producto. Es probable que algunos clientes compren lo que ofreces porque les agradas, no tanto porque requieran del producto o servicio.

Puedes llegar a ser agradable al descubrir las formas indicadas de halagar a tu posible cliente. Es algo sencillo. Ya que eres un mensajero de buenas noticias, no tienes que comenzar la conversación con el discurso de ventas.

Debes comenzar ofreciéndole un cumplido a tu cliente sobre algo que has observado respecto a su casa o algo que está usando.

Después de ofrecer el cumplido tienes que hacer una pregunta, algo sencillo pero efectivo. Por ejemplo: "que hermosas flores tiene en su jardín, ¿cómo se llama ese tipo de flor?".

. . .

Un comentario y una pregunta tan sencillas puede hacer que te vuelvas agradable inmediatamente. Con esto ella te has diferenciado de los otros vendedores que comienzan con su discurso de ventas. Es más fácil que alguien te agrade cuando te hace un cumplido.

Otros ejemplos para llegar a ser agradable puede ser algún comentario sobre el perro que aparece junto al dueño o alguna broma sobre la actividad que esté realizando la persona.

Para ser más agradable, tienes que tratar a tus posibles clientes como si fueran tus amigos. No dudes en ser un poco humorístico en la conversación cuando se presente la oportunidad.

Es cuestión de ser observador y notar los detalles en la casa de tu posible cliente, no tengas miedo de hacer comentarios inteligentes y algo graciosos.

Esta forma de romper el hielo será la que te diferencie de los otros vendedores normales. Cuando logres una conversación amigable descubrirás formas únicas de relacionarte con la persona a la que quieres vender y así y ser más agradable.

. . .

Debes estar informado

Nunca sabes las oportunidades que se te pueden presentar. Estar informado te puede ayudar a crear conversación y romper el hielo con tus posibles clientes. Quizás estar informado sobre las universidades de la zona, conocer algo sobre los deportes más populares y aquellas cosas que son propias de cada lugar que visites.

En una ocasión, pude entablar una buena conversación con un cliente gracias a que sabía un truco para ayudar a limpiar los faros del auto, ya que el señor estaba lavando su vehículo en la entrada de su casa. Era un comentario bastante sencillo, pero esta información tranquilizó al hombre e hizo que se abrirá conmigo y mi colega para poder conversar.

Incluso estar informado sobre el clima puede ser algo que te ayude a romper el hielo con una persona.

Nunca sabes cuáles serán las cosas que las personas consideran importantes. Por eso te sugiero que estés informado sobre una gran variedad de temas y así poder iniciar conversaciones como un verdadero mensajero de buenas noticias y no como un típico vendedor.

. . .

Ni siquiera tienes que saber mucho sobre el tema, simplemente tienes que saber presentar la información que tienes para aparentar que sabes mucho. La mayoría de las veces, las personas te ayudarán a completar la información que no tienes.

Debes estar informado y ser muy observador para encontrar temas con los que puedas relacionarte con tus clientes. Esto te ayudará a relajarte porque estarás hablando de cosas que las personas aprecian. Quizás sean sobre la bandera de un equipo de fútbol, alguna herramienta de jardinería que ves en su patio, un piano en casa o alguna obra de arte que sea visible desde la entrada. Te sorprendería lo mucho que las personas están dispuestas a hablar cuando alguien les agrada.

Debes estar dispuesto a alejarte

Por último, tienes que estar dispuesto alejarte de una posible venta para reafirmar el punto de que no eres un simple vendedor y que en realidad estás transmitiendo un mensaje. Esto no es muy fácil, pero habrá ocasiones en las que tienes que alejarte para que la persona sepa que vas a llevarte tu oferta a otra parte.

. . .

Las siguientes son tres situaciones que pueden ocurrir cuando te alejas de una posible venta:

La primera es que debes estar dispuesto a alejarte cuando la persona no acepta los términos de tu oferta. Si ofreces un descuento con una fecha límite y el cliente intenta aplazar esa fecha, puedes decir algo como, "puede llamar a la oficina en cualquier momento y pagar el precio completo, pero solamente tengo una docena más de productos con este descuento, y es probable que tus vecinos los compren rápidamente".

La segunda es que debes estar dispuesto a alejarte cuando la persona te dice que te va a llamar cuando esté lista para comprar. De forma similar al ejemplo anterior, puedes decir algo como "como le he mencionado, solamente tengo un par de ofertas más que puedo ofrecer a este precio.

Es un gran descuento, así que es probable que uno de tus vecinos lo aproveche, pero eres bienvenido a llamarme en cualquier momento y pagar el precio completo".

Por último, debes estar dispuesto a alejarte cuando la persona deje de hacer preguntas, mire su reloj continuamente o parezca incómoda con tu presencia. En este caso puedes decir, "tengo un poco de prisa para hacer las citas de los dos últimos equipos que estoy ofreciendo en descuento. Puede llamar a la oficina en cualquier momento para pagar el precio completo, pero ahora iré con su vecino para programar la cita de instalación del equipo".

Para poder maximizar las oportunidades de ventas, debes estar dispuesto a alejarte de las personas con las que no estás progresando. No tiene sentido desperdiciar el tiempo con ellas mientras hay otras oportunidades con más potencial.

Estar dispuestos a alejarse de una posible venta a veces tiene resultados inesperados. En una ocasión, una señora me dijo que no podía suscribirse al servicio hasta que no lo hablara con su marido.

Cuando le dije que iba a seguir con mi camino, ella se veía molesta porque si quería hacer la compra, pero no es conveniente que una persona firme sin el consentimiento de su pareja, ya que esto puede crear conflictos entre ellos y terminan culpándote a ti. Yo seguí con mi camino para preguntarle a sus vecinos y la señora, a los cinco minutos, me alcanzó para decirme que ya había hablado con su marido y que quería suscribirse al servicio.

· · ·

Aunque al inicio ella parecía dudar, el hecho de pensar que sus vecinos podrían ganarle la oportunidad hizo que se convenciera para llamar a su esposo y luego contratar el servicio.

Esto no es algo que suele pasar, pero demuestra que si eres un portador de buenas noticias, y no un simple vendedor, tienes que estar dispuesto a alejarte de las posibles ventas. Realiza las ventas en tus propios términos y, si el cliente no está dispuesto a aceptarlos, alguien más lo hará. Esta actitud te ayudará a atrapar el interés de tu cliente para que demuestren que tienen la voluntad de hacer lo necesario para aprovechar tu oferta.

4

Vendedor consistente

A LO LARGO de este libro explicaremos los diferentes pasos necesarios para ser un vendedor exitoso. La venta de puerta en puerta, venta corta, venta fría, venta a puerta fría o venta de ciclo corto o se refieren a la interacción entre un vendedor y un posible cliente que sucede en un periodo de tiempo muy breve, a veces es cuestión de minutos.

Un vendedor consistente logra manejar a la perfección los primeros 10 minutos de intervención en los que tiene que captar el interés del cliente y le hace pensar en los beneficios que promete su servicio o producto. El objetivo del vendedor, por supuesto, es que la persona quiera comprar y cierre la venta.

. . .

El vendedor consistente debe saber llamar la atención del posible cliente por medio de la comunicación. Para esto se requiere un buen lenguaje corporal, una modulación de voz adecuada y generar algo de sorpresa con nuestra presentación. Las presentaciones de ventas no deben ser monótonas, por lo que se requiere una buena presentación. En el próximo capítulo hablaremos un poco más de esto.

El vendedor también necesita captar la atención de que el posible cliente por medio de soluciones imaginativas, propuestas interesantes, ejemplos útiles y una clara explicación. Luego de esto sigue la creación de una necesidad o deseo. Tienes que hacer que la persona le interese el producto o servicio que le vendes porque es una buena inversión a futuro, porque lo necesita, porque es algo que le brinda seguridad, etc. Existen muchas razones por las cuales una persona puede querer el producto o servicio que vendes, solamente tienes que descubrir cuál es la adecuada para cada persona. Para esto, lo mejor que puedes hacer por el cliente es reafirmar su confianza y presentarle referencias de otros clientes por medio de ejemplos reales, la ayuda visual es opcional.

Una vez que se ha convencido al cliente de que lo que se le ha presentado es algo positivo para su vida, ahora tienes que hacer que lo desee realmente.

El vendedor a domicilio tiene que alentar el deseo de

aceptar el producto o servicio al estimular sus deseos por medio de beneficios y objetivos que logrará con lo que le ofreces. Para esto se pueden hacer preguntas de reafirmación. Recuerda que le estás vendiendo beneficios, una mejora para su vida y una experiencia positiva, todo esto por medio del producto o servicio que le ofreces.

Un buen vendedor no se rinde fácilmente. Las ventas no dependen de la suerte. La mayoría de las personas no quieren hablar con los vendedores, pero no te desanimes con las negativas. Tienes que pensar que todas las personas tienen la posible necesidad de tu producto o servicio, simplemente tienes que averiguar la manera correcta de comunicárselo.

Cuando eres bueno en lo que haces, las personas siempre van a dudar de tu éxito. Siempre llegan excusas de que estabas en el lugar y en el momento o correcto, quédate con las personas indicadas o que tuviste suerte de encontrar un lugar que estaba listo para que alguien les vendiera ese producto en específico.

No tienes que ser el flautista de Hamelin para ser un buen vendedor.

. . .

La clave está en creer en lo que vendes y estar convencido de tu habilidad para hacer que las personas compren lo que estás vendiendo. No importa a qué lugar llegues, si es una ciudad grande o pequeña, eso no importa. Claro que los productos se venden mejor en algunos lados que en otros, pero tienes que ser capaz de vender cualquier cosa en cualquier lugar.

Sin embargo, algunos vendedores todavía argumentan que las ventas se hacen por pura suerte. Puedo admitir que en las ventas si hay algo de suerte, en especial cuando se trata de las ventas a puerta fría. Ya que implican tocar la puerta de las personas, tienes que encontrarte con el cliente potencial en el momento indicado. Existen muchas ocasiones en las que los vendedores llegan a los hogares de personas que no están dispuestas a comprar porque están ocupadas haciendo algo, están llamando por teléfono, quizás no se encuentran en casa o están comiendo.

En ese sentido, sí que se necesita algo de suerte. Pero una vez que hayas iniciado la conversación con un posible cliente, la suerte ya no tiene nada que ver y todo depende de tus habilidades para saber qué decir, cómo decirlo y cuándo decirlo.

La consistencia es el elemento clave para volverse un gran vendedor, por lo que debes tener una actitud consistente.

. . .

Los vendedores tienen que mantener cierta estabilidad cada día, en cada puerta. No puedes dejarte llevar por un día excelente ni por un mal día. Cada día es una nueva oportunidad que debes empezar desde cero. Aunque es importante mantener el ritmo de éxito y aprender de los errores, en las ventas, lo que ganas ese día depende de lo que hagas solo ese día.

A continuación, vamos a explicar los componentes que te ayudarán a lograr esta producción consistente.

Visualizar al cliente

Es muy fácil juzgar antes de conocer. Es algo que hacemos normalmente, pero un vendedor no debe hacerlo si es que quiere vender de forma consistente. No existe la fórmula para saber quién será tu próximo cliente, así es que cada vez que se abra la puerta, debes pensar en esa persona como tu posible cliente.

La visualización de cada persona que pueda ser un comprador te ayudará a evitar prejuzgar de forma errónea. Es muy peligroso pensar que cierto tipo de personas no pueden ser tus clientes porque eso establece un límite para tus posibles ventas, además de ser discriminación.

Nunca debes juzgar una casa solamente con verla, en realidad nunca sabes cuándo podrás hacer una venta. No debes basarte en la premonición, sino en la eficiencia. Siempre tienes que hacer el intento de ver la cara de las personas y comenzar a charlar con ellas antes de decidir que no será una venta. Recuerda que cada una de las personas a las que conozcas como vendedor puede ser un posible cliente.

Tienes que hacer tu mejor esfuerzo para convencer a las personas que necesitan comprar el producto o servicio que estás vendiendo. No te puedes dar el lujo de hacer suposiciones sobre las personas a las que conoces, o esto puede dañar tu habilidad para vender.

Para lograr una venta debes evaluar el entorno cuando te abren la puerta. Puedes aprender mucho de una persona y de sus necesidades al observar el vecindario, las cosas que hay en el jardín y, en especial, cuando te abren la puerta.

Desde el momento en el que observas una casa, puedes saber los gustos de la persona, si tienen niños o mascotas, se cuidan sus plantas o si son muy cuidadosos con sus posesiones. Cuando te abren la puerta podrás observar un poco de sus vidas, sus gustos personales, actividades diarias y el estado de la casa. La observación será una de tus mejores habilidades para romper el hielo.

Todas las áreas producen

De forma similar, nunca debes prejuzgar un vecindario sin antes haberlo intentado. Es posible vender en cualquier lugar, a cualquier persona. Lo único que hace la diferencia entre lograr una venta o no es la actitud del vendedor.

Cuando uno cree que todos los vecindarios pueden ser una fuente de clientes, se puede lograr vender en cualquier parte. Es falso lo que se dice sobre que una persona específica solamente puede vender en ciertos lugares. Los vendedores tienen que ser capaces de abandonar el nido y explorar otros lugares.

En una ciudad, cada vecindario, cada colonia puede ser el lugar donde viven varios clientes futuros, por lo cual no debes dejar pasar la oportunidad.

Los representantes de ventas necesitan comprender que existe en ventas en todo tipo de vecindarios y de hogares.

No importa el material ni la ubicación, siempre y cuando se ajusten a los parámetros determinados por el contrato con la compañía que ha contratado a tu empresa.

En vez de preocuparte por los lugares a los que vas a tocar puertas, debes estar más atento sobre la actitud que tienes respecto a cada lugar. Si tú esperas que el área sea buena, es muy probable que lo sea, lo mismo pasa cuando piensas mal de un vecindario.

Los mejores vendedores producen de forma consistente porque no se reservan a una zona por creer que sólo ciertos vecindarios son factibles. Tienen confianza en sus habilidades para vender en cualquier lugar en el que sean asignados.

Los vecinos

Otra técnica que lleva a vender de forma más consistente es apuntar a los vecinos de los clientes actuales.

Existe una mayor probabilidad de vender a estas personas por dos razones. La primera es la posibilidad de que tengan necesidades similares y la segunda es el deseo de copiarle al vecino.

. . .

Necesidades similares

Al vivir en un vecindario en común, es normal que las personas tengan necesidades similares, ya que comparten calles, servicios, lugares y problemas sociales y de infraestructura. Por ejemplo, una colonia puede ser conocida por porque sus calles se inundan, por vivir cerca del basurero o de un parque, quizás es una zona de tornados o hay una colina muy pronunciada para llegar a ese vecindario. Este tipo de cosas crean necesidades similares en los residentes de la zona. En la colonia cercana a un basurero puede ser muy fácil vender pesticidas a la mayoría de los vecinos, en la cercana al parque sería fácil vender bicicletas, patines y aditamentos para atletismo.

Hay cosas que no se pueden saber a simple vista, por lo que tienes que acercarte a vender. Quizás no sabes que hay problemas de inseguridad en el vecindario hasta que llegas a una casa que quiere el servicio completo del sistema de seguridad porque robaron hace poco.

Entonces es muy probable que los vecinos hayan sufrido la misma desgracia o que estén enterados del hecho, por lo que van a querer contratar el servicio también.

. . .

Es normal que los vecinos tengan necesidades similares, por lo que contactar a los vecinos de los clientes actuales puede hacer que tus ventas sean consistentes.

Copiar al vecino

El dicho "el pasto siempre es más verde del otro lado" alude a la comparación que hacen las personas con sus vecinos. Las personas quieren tener lo mismo que su vecino y, en caso de no tener lo mismo, se percibe como que no son iguales en términos socioeconómicos o culturales.

El consumismo ha cambiado la vida de las familias, ahora las personas quieren tener lo mismo o algo mejor que el de al lado. La identidad se define por las posesiones y el estatus generado por ellas, por lo que las personas no quieren quedarse atrás respecto a aquellos que les son cercanos.

Por esta razón, una forma efectiva de vender productos y servicios de forma consistente es apuntar a los vecinos de los clientes actuales. Para lograrlo, tienes que ser organizado y determinado para mantener una lista de clientes actualizada. También es importante hacer varios intentos a diferentes horas del día, en diferentes días de la semana, para lograr hablar con los vecinos de al lado.

Limitar las devoluciones

Algo terrible para los vendedores es terminar el día sin haber logrado una sola venta, especialmente si te pagan por comisión. Pero hay algo peor: cuando un cliente cambia de parecer y llama para devolver el producto o cancelar el servicio. En estos casos, todo el tiempo, esfuerzo y energía que usaste para lograr la venta se desperdicia, así como también pierdes la comisión que habías ganado.

Aún así, las cancelaciones son parte del mundo de las ventas, no se pueden evitar, pero sí se pueden limitar. El 10% de cancelaciones es aceptable e incluso se puede decir que es una forma de demostrar que eres un buen vendedor. Esto significa que lograste hacer que una persona cambiara de parecer y aceptara la venta, al menos por un momento, y se sabe que esto no es fácil.

Cuando la cantidad es mayor al 10%, entonces se puede pensar que el vendedor no es honesto con sus clientes, sus productos no se entregan a tiempo o que es una zona donde hay muchas cancelaciones. Ahora examinaremos estas posibilidades.

. . .

Primero, cada aspecto del producto o servicio debe ser consultado con el cliente. Hay que ser abiertos y claros con la duración del contrato, fecha de entrega, política de devolución, penalización por cancelación y la garantía, todo este tipo de cosas que deben conocer bien los clientes.

A algunos vendedores se les entrena para no usar la palabra "contrato" y mejor usar "acuerdo de servicio" o "términos del servicio". No obstante, si el cliente pregunta si tiene que firmar un contrato, la respuesta debe ser clara, "sí".

También se debe revisar las partes del contrato que puedan ayudar al cliente a comprender sus obligaciones si el producto o servicio no cumple con las expectativas explicadas. Por eso se debe ser claros y directos y no exagerar, así se logran hacer vetas solidad.

En segundo lugar, debes hacer todo lo posible para que el producto o servicio sea entregado el mismo día o al día siguiente. Si hay mucho tiempo entre estos dos eventos, las personas tendrán tiempo para pensarlo más y podrían arrepentirse.

· · ·

Si el cliente pide que se le entregue otro día, el vendedor debe tratar de convencerlo de lo contrario para que se lo entreguen a un vecino o a un familiar. Si el servicio requiere instalación exterior o interior, quizás se pueda hacer la instalación interior cuando la persona esté en casa o que pida a un familiar que supervise.

Esto se puede usar como parte de los términos de la oferta. Se le explica al cliente que la oferta implica un periodo de tiempo, por lo que se requiere entregar ese mismo día o al siguiente para que el descuento sea efectivo.

Por último, se debe evitar vender en zonas con muchas cancelaciones, que suelen ser en vecindarios con pocos ingresos o en áreas que tienen residentes pasajeros como las casas de playa durante el verano.

En resumen, para ser un vendedor consistente debes considerar cada persona como un posible cliente, considerar cada área como una que puede generar ventas, debes apuntar a los vecinos de los clientes actuales y limitar las cancelaciones. Estas habilidades tienen mucho que ver con trabajar de forma inteligente y eficiente. Esto, combinado con trabajar duro, es una combinación exitosa para tener muchas ventas.

5

La comunicación de un gran vendedor

En cualquier deporte, en cualquier cosa en la vida, si tratas demasiado duro es de esperar que las cosas no resulten como quieres. En las ventas es lo mismo. Si intentas demasiado vender algo, sólo lo estás haciendo más difícil. Aquellos que son buenos para vender hacen que parezca fácil.

Es muy importante tomar en cuenta lo que se dice, cómo se dice e incluso lo que no se dice. Hay muchas cosas implicadas que no son evidentes para los novatos y el ojo no entrenado.

Lo que dices

· · ·

Como ya hemos dicho, la receta del éxito es ser un mensajero de buenas noticias, no un vendedor cualquiera. Por lo tanto, lo que se debe decir a los posibles clientes debe ser la antítesis de lo que diría el típico vendedor. Los siguientes métodos te ayudarán a ser un mejor mensajero y no un simple vendedor.

- Hacer preguntas
- La fácil de las ventas
- Sí, señora.; no, señora

Preguntas

Existen tres tipos de preguntas: las de la sí y no, las de descubrimiento y las de suposición.

Una pregunta de si y no es la más elemental de todas y la que suele preguntarse con más frecuencia. Son preguntas que sólo requieren una respuesta breve y concisa. Las preguntas que suelen hacer los vendedores son:

- ¿Alguna vez ha pensado en comprar este producto?
- ¿Este servicio es algo que le interesaría comprar?
- ¿Se inscribiría el día de hoy?

Las preguntas de sí y no, no son provocativas para el cliente potencial y tampoco requieren mucho ingenio. Cuando las personas comienzan a contestar monosílabos, suele pasar que la conversación empieza a decaer y la venta se ha perdido. En muy raras ocasiones este tipo de preguntas son apropiadas. Si la persona no está poniendo atención, y esta pregunta puede hacer que vuelvan a la conversación. Sin embargo, la mayoría de las veces, este tipo de preguntas deben evitarse.

El segundo tipo de preguntas son las de descubrimiento y son mucho más provocativas. Las preguntas de descubrimiento son lo que se conocen como preguntas abiertas y le dan una oportunidad a la persona para contestar con detalles.

Las preguntas de descubrimiento que son efectivas te ayudan a obtener más información. La persona proporciona más información que puede ser útil para la conversación puntos y se hacen de la forma correcta, pueden ayudar al vendedor de forma positiva.

Los vendedores expertos hacen preguntas de suposición porque pueden causar un gran impacto en la producción. Es el nivel más alto de preguntas y el más difícil de formular. Las personas no suelen hacer este tipo de preguntas, pero estas te ayudan a guiar el pensamiento de la persona hacia donde quieres. Se realizan de tal manera que la persona que pregunta asume que la audiencia va a elegir la opción que se le ofrece. Por ejemplo:

- ¿Quiere que limpiemos el interior y el exterior de sus ventanas, o sólo el exterior?
- ¿Prefiere que instalemos su sistema de seguridad hoy o mañana?
- ¿Le interesa tener un mejor jardín en su patio trasero o en el delantero?

Este tipo de preguntas se relacionan directamente con la eficiencia con la que los vendedores reciben las respuestas que anticipan. Este tipo de preguntas pueden alterar la conversación por completo y pueden ser un factor determinante en la venta.

La diferencia entre este tipo de preguntas lo puedes notar en los siguientes ejemplos:

- Sí y no: "¿Quieres salir conmigo este sábado?"
- De descubrimiento: "¿Qué opinas de salir conmigo este sábado?"
- De suposición: "¿Prefieres comer sushi o carne el sábado cuando salgamos?

La pregunta de suposición se crea a partir de las dos anteriores para obtener el resultado que desea.

. . .

La fácil de las ventas

Las fácil de las ventas es el vendedor que sucumbe a cada deseo de su posible cliente para lograr hacer la venta. Se hacen pedidos especiales, se modifica las reglas para satisfacer al cliente, se agregan productos sin parar cuando en realidad no se pueden agregar.

La fácil de las ventas está desesperada por vender y su desesperación es bastante evidente. Las personas se aprovechan de este tipo de vendedores y van a pedir mejoras, más garantías, más descuentos, productos gratuitos o cualquier otra cosa que el vendedor esté dispuesto a dar. Cada vez que el vendedor acceda a una petición, su comisión y su dignidad será cada vez menor.

Sólo existen excepciones y justificaciones para modificar las reglas cuando el cliente es valioso para la compañía debido a su lealtad, de otra manera, un cliente nuevo solamente traerá problemas y será imposible de complacer.

Sí, señora; no, señora

. . .

Es similar a la fácil de las ventas. Este tipo de vendedor está de acuerdo con lo que sea que diga el posible cliente, en vez de hacer las preguntas apropiadas y de informar al cliente sobre las políticas y las garantías.

Debido a que acceden a todo, estos vendedores logran hacer la venta, pero hacen que sea difícil mantener satisfecho al cliente. Al no educar al cliente, el vendedor termina exagerando sobre el producto o servicio y, como resultado, la compañía termina siendo insuficiente para este cliente. A la larga, las entre esas son las que terminan con repercusiones por las expectativas.

Este tipo de vendedores actúan por miedo a perder la venta, en vez de ser directos. Los vendedores no deben tener miedo de decir la verdad, aunque sea algo que los clientes no quieren escuchar. En estos casos, en vez de contestar simplemente que sí o que no, el vendedor puede hacer una pregunta como respuesta. Esto va a ayudar a tener más información valiosa sobre el progreso de la venta.

La información que obtenga de estas preguntas le ayudará a ajustar el producto o servicio a las necesidades de su posible cliente. Igualmente, contestar con una pregunta es una forma de volver a tomar el control de la conversación, lo cual es necesario para ser un vendedor eficiente.

Cómo lo dices

La forma en la que suena tu voz es otra forma de comunicar durante el proceso de venta. A esto se le conoce como comunicación meta verbal e incluye el volumen, la velocidad, el tono y el vocabulario.

Volumen

Como ya hemos mencionado, el volumen es un elemento muy efectivo que debe mantenerse al 70%. Es importante que los vendedores cambien su volumen durante la conversación. Una voz monótona puede ser aburrida y nadie pone atención. Cambiar el volumen puede ayudar a mantener interesada a la audiencia y ayudar a enfatizar los puntos clave.

Velocidad

. . .

Las personas esperan que los vendedores hablen rápidamente por la prisa de vender. Cuando éstos se hace realidad, es muy fácil no poner atención al mensaje.

Igualmente, habla rápido que es una señal de nerviosismo y falta de confianza, por lo cual la persona puede dudar de la veracidad de lo que dice el vendedor.

De cierta manera, el silencio puede ser útil para lograr una venta. El vendedor tiene que dejar hablar al posible cliente, para que se sienta escuchado y pueda resolver sus dudas. Igualmente, una pausa puede significar que el cliente tiene que hacer un comentario o una pregunta, se puede decir que casi lo obliga a decir algo.

La idea es que parezca una conversación y no un discurso de ventas. Hablar a un ritmo regular te permite pensar antes de hablar, lo cual te ayuda a estructurar y formular preguntas y oraciones que te pueden ser más efectivas para hacer que el cliente quiera comprar el producto o servicio. También, una conversación pausada no le pone presión al cliente y éste se siente relajado, por lo cual es más probable que quiera comprar.

Tono

. . .

El tono de la voz ayuda a los clientes potenciales a crearse una imagen en su mente sobre lo que quieres representar.

El tono comunica el espectro completo de emociones. El tono puede hacer que la misma oración se reciba de maneras distintas, quizás con enojo o tal vez con emoción. Incluso puede cambiar el significado, aunque no cambien las palabras.

Algo que suelen hacer mal los vendedores novatos es "cantar" lo que dicen, es decir que terminan con un tono más alto, como en las preguntas. Esto comunica al posible cliente que no estás seguro de lo que dices y que no tienes el conocimiento o la confianza en el producto o servicio.

En el mundo de las ventas, tu tono debe ser confiado.

Debes hablar con seguridad y terminar con el énfasis deseado. De esto depende que se comunique el mensaje de forma efectiva.

Vocabulario

. . .

La confianza también puede comunicarse al utilizar un buen vocabulario. Evita usar palabras como "la empresa" o "sus empleados". Ya que eres parte del equipo de ventas, debes referirte a ella como "nuestra empresa" y "nuestros empleados". De esta forma te verás más experimentado.

Se tienen que evitar ciertas palabras cuando hablas con clientes potenciales: problema, contrato, vender, inscribirse y químico.

La palabra problema nunca debe pronunciarse en el mundo de las ventas. Primero que nada, a nadie le gusta admitir que tiene un problema. Recuerda que un problema para una persona puede ser algo ordinario para otra. Por lo tanto, no puedes mencionar "el problema" que has observado en el vecindario, ya que es muy probable que nieguen o no admitan que es un problema, y entonces ha terminado tu conversación.

Las palabras que pueden utilizarse en vez de problema son: situación, reto, dificultad o circunstancia.

Es mucho más fácil admitir que las personas tienen una dificultad que tienen un reto, en vez de admitir que tienen un problema.

. . .

La palabra contrato debe evitarse porque implica restricciones. En vez de esta palabra puedes utilizar el término "acuerdo de servicio", el cual implica un acuerdo entre dos partes y requieren que ambos participen y cumplan.

Un acuerdo de servicio está orientado al trabajo en equipo y suena mucho mejor.

Sin embargo, si la persona menciona expresamente la palabra para todo y pregunta si tiene confirmado uno, la respuesta debe ser positiva y hablar de los términos del contrato.

El siguiente término que debe evitarse es "vender" e "inscribirse". Las personas suelen avergonzarse cuando confiesan que les han vendido algo. Prefieren admitir que han comprado un producto o servicio en sus propios términos. Por lo tanto, los vendedores deben evitar comentarios como:

- "Estoy en el vecindario *vendiendo* este producto..."
- "El servicio que le he *vendido* a sus vecinos..."

- "Estoy en el vecindario *inscribiendo* personas para…"

Recuerda que un buen vendedor está comunicando buenas noticias y no vendiendo, sólo quieres transmitir un mensaje. Algunas personas, al abrir la puerta, preguntan inmediatamente "¿qué estás vendiendo?". A lo cual puedes contestar que acabas de ver a Rodolfo (el vecino más cercano) y que estás informando al vecindario. Esto será un alivio para el posible cliente porque solo eres un mensajero.

El término "inscribir" también está relacionado con las ventas. Igualmente, el término implica firmar algo, por lo que se relaciona con los contratos. Un buen sustituto puede ser instalar, proveer, servir y proporcionar.

La última palabra que debe evitarse es "químico". Es mejor utilizar la palabra "productos" en vez de "químicos", ya que no tiene connotaciones negativas. Los químicos suelen relacionarse con cosas tóxicas y perjudiciales, por lo que son una amenaza y las personas no quieren nada peligroso en su hogar.

No obstante, siempre se debe ser honesto si contiene ingredientes que pueden ser perjudiciales o con los que hay que tener precauciones especiales.

· · ·

Imitar el tono

Imitar el tono de un posible comprador es una técnica que tiene la intención de ganarse su respeto, ya sea un tono suave o intenso. Las personas que gritan pueden llegar a ser realmente amables. Aunque la persona parezca irritada por tu presencia, puedes imitar su tono, simulando que también te irrita estar ahí y que tu jefe te obliga. Algunas personas se van a identificar y encontrarán un tema en común con el que pueden congeniar.

Puede ser difícil al inicio porque te acostumbras a decir lo mismo en el mismo tono. Sin embargo, salir de la zona de confort e imitar el tono de tu cliente te permitirá ser un mensajero y no tanto un vendedor.

Pasar el trago amargo

La última técnica sobre cómo decir las cosas que saber cómo y cuándo ayudar a pasar el trago amargo.

Los vendedores pueden dejar un sabor amargo en los posibles clientes al pedirles que gasten dinero en sus productos. Por lo tanto, hay que ayudar a pasar el trago amargo de ciertos aspectos de la venta, lo cual ayudará a que la compra sea más agradable para el cliente.

· · ·

Se trata de describir el peor escenario y luego explicar una mejor alternativa. Existen tres elementos que deben ser aliviados en una venta: el precio, la duración del acuerdo y la cantidad que se compra o la frecuencia de las visitas.

1. Precio

Si estás ofreciendo el producto o servicio con descuento, ayudar a aliviar este elemento es sencillo. Es una buena idea mostrarle al cliente los precios regulares y con el descuento, así sabrá lo que podría llegar a pagar en caso de no aprovechar la oferta. Las hojas de precios deben ser visualmente atractivas, entre más oficial se vea, mejor.

2. Duración del acuerdo

Hay que ayudar a aliviar este elemento si el servicio requiere de un compromiso por un periodo de tiempo. El periodo de tiempo es irrelevante, lo importante es que debe aliviarse. Puedes decirle al cliente que el periodo es sólo por un año, no como otros servicios del mismo tipo que son compromisos por cinco años.

· · ·

Cuando haces una comparación con el peor escenario, los clientes estarán agradecidos de tener una oferta que implica menos compromiso o de probar el producto o servicio antes de comprometerse a largo plazo.

3. Cantidad de producto o frecuencia de visitas

Si vendes un producto que viene por paquete para que tenga descuento, o que el servicio que ofreces requiere de varias visitas, necesitas aliviar el trago amargo para que las personas se vean tentadas a comprarlo.

Puedes compararlo con un escenario en el que requiere más visitas o con el precio de paquetes de productos más grandes, por lo que aprovechar tu oferta sería la mejor opción. No olvides comunicar la urgencia para hacer que las personas aprovechen la oferta al momento.

Ayudar a los clientes potenciales a pasar el trago amargo les hace entender que no deben posponer la compra.

Recuerda que les llevas la buena noticia que implican los mejores términos y precios de tu oferta.

. . .

Lo que no se dice

La comunicación no verbal abarca más de la mitad de la comunicación humana. Los mensajes no verbales se transmiten por medio de la posición del cuerpo, del contacto visual, las expresiones faciales, gestos con las manos y la apariencia.

Debes tener un lenguaje corporal que sea consistente con tus palabras, te ayudará a comunicar confianza, veracidad y expectativa.

Ahora veremos las diferentes maneras de comunicarse de forma no verbal en el mundo de las ventas.

Posición del cuerpo

Tu cuerpo no debe tener una postura que intimide, por lo que debes pararte de forma relajada y ser abierto. Deja una distancia respetable entre el posible cliente y tú.

Aunque no seas alguien corpulento, si te paras muy cerca de la persona serás intimidante o percibido como una amenaza, lo cual no quieres.

. . .

Contacto visual

No hay una fórmula exacta para el contacto visual, pero se sabe que debes mantener la mirada por unos segundos y luego mirar a otra parte unos cuantos segundos menos.

Mantener la vista fija nunca es cómodo y no quieres que se vuelva un juego de mantener la mirada.

Evitar el contacto visual tampoco es la solución, ya que te hace quedar como alguien inseguro y con falta de confianza. La otra persona no sabrá si hablas contigo mismo, si tienes miedo o si estás mintiendo.

Expresiones faciales

Un posible cliente nunca debe sorprenderte con un comentario o pregunta, por lo que no debes mostrar sorpresa. Actúa como si ya hubieras escuchado esa frase antes, de lo contrario, perderás credibilidad.

Un vendedor siempre tendrá una sonrisa en el rostro a menos que la conversación sea seria. Esto ayudará a que el posible cliente se tranquilice y que esté más relajado con tu presencia, no a la defensiva como haría con un vendedor novato. Es importante mantener la sonrisa, aunque estés pensando en qué decir. Además, una sonrisa demuestra que escuchas con atención y que tienes confianza en ti mismo y en el producto que vendes.

Asentir con la cabeza

Cuando quieras que el cliente potencial esté de acuerdo contigo, asiente con la cabeza. Si la persona imita tu movimiento de cabeza, significa que confía en ti y en lo que estás diciendo.

También es apropiado asentir cuando el posible cliente está hablando para que sepa que estás de acuerdo con él o ella y que le estás poniendo atención.

Los vendedores que saben cuando asentir se ganan el respeto y la admiración de su cliente.

Movimientos de manos

Al hacer gestos apropiados puedes hacer que la atención se aleje de tu rostro y que la conversación se vuelva más interesante. Mueve las manos para enfatizar y para ilustrar aspectos del producto o servicio.

Menciona los nombres y apunta con la mano para señalar las casas que ya has visitado y que ya han comprado tu producto o servicio. De esta forma, te aseguras de que el cliente observa lo que tu quieres.

Imitar

Ya hemos mencionado algunas de las ventajas e imitar las acciones de una persona. La imitación puede ayudar a descubrir las pistas no verbales que te ayudan a determinar lo que piensa una persona. Si el posible cliente imita tus acciones, significa que confía en ti y que la venta es muy probable en ese caso.

Una acción que revela mucho es cuando el vendedor se recarga en el marco de la puerta y, si el cliente hace lo mismo del otro lado, significa que la venta prácticamente ya se ha logrado.

Cuando se imita el asentimiento de cabeza, significa que hay confianza. Por eso debes imitar algunas acciones de tu posible cliente, como reír, cruzarse de brazos, asentir o fruncir el ceño. Es una forma de comunicar que comprendes a la otra persona y que están en sintonía.

Apariencia

Ya que eres un vendedor, siempre debes verte profesional.

Un mal peinado, barba desaliñada, camisa arrugada y desfajada, demasiada joyería, maquillaje exagerado y tatuajes visibles, todo esto puede distraer al posible cliente del mensaje que quieres comunicar e incluso, dependiendo del desarreglo, incluso puede hacer que no confíen en ti.

Como vendedor, siempre debes tener una apariencia limpia y arreglada, con clase y estilo.

Aunque tú no debes basarte en las apariencias para elegir un cliente, es cierto que los clientes sí se pueden basar en la apariencia del vendedor para aceptar o declinar una charla, por eso debes actuar y aparentar tu papel de mensajero de buenas noticias.

En tu ropa debe demostrarse para quién trabajas de forma visible, un logotipo o el nombre. Igualmente debe ser visible en todo tu material. Se recomienda que sea en al menos tres lugares: gorra, playera, identificación, carpeta, otro material promocional.

Debes estar orgulloso de tu apariencia para que tu lenguaje corporal manifieste esa confianza, lo que influenciará de gran manera tu interacción con los posibles clientes. Al final del día, una apariencia impresionante y la confianza que le acompaña se reflejará en las ventas.

Apoyos visuales

"Una imagen comunica más que mil palabras". A veces hace falta algo de apoyo visual para que una explicación sea más fácil de entender. Si la compañía para la que trabajas tiene apoyos visuales, aprovéchalos.

Las personas de la actualidad son más visuales, por lo que las imágenes te pueden ayudar a que se hagan una mejor idea.

El uso adecuado de imágenes también ayuda a que la atención de la persona se concentre en algo que no seas tú y eso te ayudará a que la información sea más interesante.

. . .

Muletillas

Las muletillas en el discurso de un vendedor se consideran como señal de nerviosismo e incertidumbre, además de que su uso constante es algo molesto.

Este hábito de lenguaje suele pasar desapercibido por quien lo tiene, por lo que le puedes pedir ayuda a alguien de confianza para ayudarte a deshacerte de este hábito o acudir a un entrenador de lenguaje.

Todo lo que no dices te puede ayudar a tener más o menos probabilidades de lograr una transacción, por lo que debes poner mucha atención.

La comunicación no verbal efectiva es bilateral, por lo que debes estar atento a lo que comunicas y a lo que comunica la otra persona de forma no verbal. Ambas son igual de importantes. No quieres parecer una amenaza o inseguro y tampoco quieres que tu posible cliente se vea aburrido o irritado.

6

Acercamiento inicial

UNA VEZ que haces contacto visual con un posible cliente, comienza la cuenta regresiva de 45 segundos. Esta es la cantidad de tiempo que tienes para comunicar algo que te garantice más tiempo con el cliente. A esto se le conoce como el acercamiento inicial y puede ser lo que haga o acabe con la compra.

En estos segundos tienes que demostrar que lo que vendes tiene valor para el posible comprador, que llame la atención y que no piense en rechazarte. Esta cantidad de tiempo respeta el tiempo del cliente y el tuyo. Hacer una entrada demasiado extensa impide que el posible cliente hable, opine o te dé información valiosa, como que ya es cliente.

· · ·

Al inicio, sólo se debe compartir la información pertinente que le ayude al vendedor determinar si vale la pena seguir intentando venderle a la persona actual.

Ahora hablaremos de lo que debe mencionarse en el acercamiento inicial para explicar lo que se quiere vender.

¿Quién eres?

Lo primero es presentarse a uno mismo. Es una cortesía básica en cualquier parte del mundo. Debes mencionar tu nombre y el de la empresa para la que trabajas. Ya que tengas algo de experiencia puedes agregar algo de "sabor" que demuestre tu personalidad de forma genuina. Quizás un juego de palabras o algo con lo que te sientas cómodo. Nada falso o demasiado forzado.

A esto también ayuda tener una tarjeta de presentación siempre a la mano, en la cual tengas todos tus datos de contacto. De esta manera, la persona podrá llamarte sin ningún compromiso, lo cual facilita una futura venta.

Igualmente es muy importante entregar esta tarjeta o tener una identificación visible para que la persona sepa que puede confiar en ti y que no eres un estafador. La ropa que lleves y el material que presentes también son una forma de manifestar que viene ser una empresa legítima, ya que deben tener el logo de la compañía para la que trabajas.

¿Por qué estás ahí?

Lo siguiente es explicar por qué estás ahí. Mencionar los nombres de los vecinos te da una razón legítima y te hace quedar como un mensajero, no como vendedor. Después de mencionar nombres, puedes atrapar el interés de la persona con una pregunta de sí o no. Por ejemplo: "acabo de hablar con los Méndez de aquí al lado. ¿Alguien en la zona mencionó que pasaría por aquí?".

Esta pregunta tiene el objetivo de involucrarse en la conversación. Después de su respuesta, puedes proceder con algo como "Rápidamente, quería asegurarme de que todos en la colonia están enterados de lo que pasa…".

Recuerda que lo mejor es usar nombres de clientes actuales y mostrar los documentos firmados de tus clientes recientes, sus vecinos, lo suficiente para que vean el nombre. Con esto logras que no te vean como el típico vendedor porque tienes una razón legítima, y también es más factible la venta debido al efecto de arrastre del que ya hemos hablado.

¿Qué ofreces?

Aquí tienes que recordar lo que hablamos sobre las ventas del Buen Fin. Ofreces un descuento exclusivo que tiene fecha límite. Recuerda que puedes utilizar elementos visuales para hacer que la persona ponga más atención y se interese, aunque sea por curiosidad. Para esto tienes que llevar folletos, tablas y cualquier material que proporcione la empresa.

Puedes continuar con algo como: "Ya que mañana entregamos productos en el vecindario, me gustaría aprovechar la ocasión para ofrecerle la oportunidad de obtener uno de los dos descuentos que nos quedan disponibles".

Al mantener la oferta exclusiva e incluir una fecha límite, has logrado establecer los parámetros de la venta. Si quieren aprovechar la oferta, tendrán que atenerse a tus términos.

No eres ni una fácil ni un vendedor que acepta cualquier capricho del cliente, sino que eres un mensajero.

. . .

Presentación

Después de haber explicado brevemente lo que intentas vender, es normal que el cliente haga unas cuantas preguntas, las cuales te servirán para conocer más sobre tu cliente y poder ajustar tu conversación.

Después de esto sigue la presentación. Ya sabes lo que el cliente necesita, así que intenta involucrar a la persona contando experiencias reales de otros clientes. Para esto debes conocer bien tu producto y estar informado de las experiencias reales, las cuales sabrás debido a que si hacen contacto con tus clientes por medio de las visitas de seguimiento. Estas anécdotas te ayudarán a convencer al siguiente de que tu producto funciona y que no es una estafa.

La información que aportes debe estar basada en las necesidades del cliente que recién acabas de descubrir.

Proporciona anécdotas y experiencias que sean del interés del cliente potencial. Si has notado que la persona tiene una situación similar a una que ya conoces, no dudes en contar esta experiencia. Igualmente puedes aludir a las experiencias de los niños y las mascotas con tu producto, en caso de que la persona tenga niños o mascotas en el hogar; con este método apeladas a su experiencia emocional. Intenta que sea un ejemplo breve para no abrumar a la persona con demasiada información.

Pregunta de cierre

Se puede hacer de tres formas diferentes.

- Final suave
- Final duro
- Cierre conversacional

La mejor forma es la tercera. Una forma de acabar de forma conversacional es preguntar, "¿Cuánto tiempo has vivido por la zona?".

Sus objetivos son sonar como una conversación, no vender; le da una oportunidad al cliente para hablar; es una pregunta fácil de responder; cuando sabes el tiempo que ha vivido por ahí, puedes ajustar una explicación que se ajuste a lo que necesite y quiere.

El propósito de hacer una pregunta de cierre es obtener más información que te ayude a ajustar los beneficios y utilidad del producto o servicio conforme avanza la conversación.

. . .

Los finales suaves son más directos y tienen el objetivo de hacer que el posible cliente actúe. No pueden ser preguntas de sí y no, pero deben brindar dos opciones viables. Por ejemplo: "El descuento que ofrezco puede incluir el lavado de interiores y exteriores de las ventanas o sólo el exterior. ¿Cuál le parece mejor?". Los finales suaves sirven para tranquilizar al cliente y, en caso de rechazo, también permiten que el cliente explique porque no está interesado en lo que vendes.

Los finales duros son más efectivos cuando los usa un vendedor desesperado o con mucha confianza. La confianza es el producto de éxitos anteriores y no tienen que usar estos finales para saber si el cliente está interesado.

Por ejemplo: "¿puedes tener todo listo para que vengamos a limpiar los sillones mañana a las 10:00 a.m.?".

También se pueden usar cuando la conversación se estanca. Si no estás seguro de si la persona desea comprar, una pregunta dura o directa te ayudará saber si vale la pena seguir insistiendo. Se trata de saber quién está interesado sin perder el tiempo.

7

Seguir la conversación

EL SIGUIENTE PASO es saber si el posible cliente califica para que le dediques más tiempo. No tiene sentido desperdiciar el tiempo con alguien que no tiene interés en el producto o servicio. Determinar cuándo continuar con una conversación puede ser algo difícil.

Existen cuatro aspectos que te ayudarán a saber si la persona tiene un verdadero interés en lo que vendes.

Considera que no deben estar los cuatro presentes en cada ocasión. Uno es suficiente.

1. Si el posible cliente pregunta cuánto cuesta
2. Si el posible cliente hace preguntas sobre el producto o servicio

3. Si el cliente potencial ya tiene el producto o servicio que vendes

4. Si observas que existe la necesidad del producto o servicio que vendes

¿Cuánto cuesta?

Para las personas es esencial saber cuánto cuesta el producto antes de comprarlo. Por lo tanto, si la persona pregunta por el precio, significa que tiene un verdadero interés, aunque sea un poco. Por eso es importante enfatizar el descuento durante el acercamiento inicial. Si la persona no tiene interés, el descuento no será relevante para él o ella.

No obstante, aunque hagan esta pregunta, eso no significa que la venta se asegura. Queda un largo camino, pero al menos sabes que la persona ha calificado para dedicarle más tiempo. El siguiente paso es asegurarte de explicarle el producto o servicio antes de mencionar el precio. Si revelase el precio de forma inmediata, la persona tal vez no tiene suficiente información para tomar una decisión informada sobre el valor de lo que intentas vender.

. . .

Para agregar valor a lo que estás vendiendo, es importante saber todo lo que puedas sobre el producto o servicio. Entre más sepas, serás más confiable y respetado como vendedor. Una vez que te ganes su respeto es mucho más fácil lograr una venta.

El conocimiento es poder cuando se trata del mundo de las ventas. Lo que sea que estés vendiendo, debes darte el tiempo de conocer y aprender todo lo que puedas del producto o servicio.

Debes ser capaz de crear valor para el producto o servicio antes de revelar su precio. Las descripciones detalladas y la ayuda visual también pueden ayudarte a aumentar su valor. Una vez que hayas terminado de explicar, entonces puedes mencionar el precio. Y los clientes potenciales sólo deberían preguntar una vez sobre el precio, así que no esperes a que lo pregunten una vez más y menciónalo inmediatamente después de haber hablado de su valor.

¿Qué hace?

Otra pregunta que hace que el cliente califique es cuando preguntan sobre el producto o servicio.

.   .   .

Cosas como qué es lo que hace el producto, cómo funciona el servicio, en qué se diferencia del que venden en las tiendas, si es seguro para niños y mascotas.

Este tipo de preguntas son prueba del interés de la persona, por lo cual puedes dedicarle más tiempo. No esperes a que te preguntes por el precio, después de hablar de todas las cualidades positivas de tu producto, puedes mencionar el precio. Recuerda que tienes que ser capaz de contestar todas las preguntas sobre el producto o servicio, por lo cual debes estar bien informado.

Ya lo tenemos

El tercer calificativo es cuando la persona ya tiene el producto o servicio. Aunque la persona ya tenga aquello que estás vendiendo, tu trabajo es convencerlo de que la marca que tu vendes es mejor a la que ya tiene. Hay tres pasos que te ayudarán a convencer a la persona de comprar:

Paso 1

Reconoce la sabiduría de la persona por tener el producto o servicio que estás vendiendo. No preguntes por la marca o empresa, ni por el costo, estilo descubrirás después. Si comienzas diciendo que no está bien hecho el producto o servicio que ya tienen, lo pueden considerar como una ofensa o se pueden poner a la defensiva. Por eso debe reconocer que es una persona que valora el producto o servicio.

Paso 2

Después de halagar a la persona, explica que es algo normal que las personas compren tu producto o servicio, aunque ya lo tengan. Puedes decir algo como que es bueno que aprecian el valor y la utilidad de tal producto, y ya que saben que es algo muy útil, muchos clientes deciden que es un excelente regalo. O puede resultar alguna particularidad de tu producto o servicio que no tienen los demás, razón por la cual cambian a tu empresa.

Cuando la persona sabe que cambiar de compañía es algo normal, estará más dispuesta a hacerlo. El efecto de arrastre mantiene la interacción profesional y te ayuda a no cuestionar las decisiones pasadas de tu posible cliente.

Paso 3

. . .

El último paso para convencer a la persona es reconocer las similitudes y luego enfatizar las diferencias de lo que estás vendiendo. Primero debes preguntar que en lo que más le gusta del producto o servicio que ella tiene y luego explicar cómo es similar tu producto en ese aspecto.

Aunque reconoce las similitudes es algo importante, debes pasar más tiempo enfatizando las diferencias. Esto hará que el cambio sea justificable.

Igualmente, entre más sepas de la competencia, serás más capaz de señalar las diferencias. Cuando puedes mencionar a detalle las diferencias, existe una mayor probabilidad de que el cliente cambie a tu producto o servicio.

Estos tres pasos son efectivos, a menos que el cliente esté obligado por un contrato a cierta cantidad de tiempo o productos. Si este es el caso, la compañía que representas puede ofrecer programas o descuentos para ayudar a la persona a terminar con ese contrato.

Lo necesitan

· · ·

El último calificador es cuando las personas necesitan el producto o servicio que estás vendiendo. Para esto tienes que ser observador y ver si la persona necesita de tu producto. Es algo fácil de identificar, pero no siempre es tan sencillo. Por ejemplo, no es fácil saber si una persona necesita limpieza de alfombras, a menos que sepas que tienen una alfombra. Por el contrario, es más fácil saber si las ventanas o el jardín necesitan limpieza.

Cuando observas que existe la necesidad, tienes que mencionarlo de una forma sutil, que no parezca una falta de respeto, para así no ofender al cliente. De esto hablaremos en el siguiente capítulo.

Si una persona no cumple con alguno de estos calificativos para seguir invirtiendo tu tiempo, es mejor pasar al siguiente cliente potencial.

Dar tiempo a los clientes

Ciertamente, habrá personas que te dicen que quieren pensarlo como una forma de evitarte, esto lo veremos en el siguiente capítulo. Sin embargo, no pretendas que todas las ventas se realizan en el primer encuentro con el cliente potencial. Tu acercamiento inicial y la conversación deben servir para asegurar una próxima cita o, si tienes mucha suerte, lograr la venta en ese momento. La mayoría de las personas requieren un poco de tiempo para investigar un poco sobre el producto o servicio que estás ofreciendo.

Aunque tú les brindes toda la información, en la actualidad es necesario para las personas asegurarse de que no eres un fraude o un estafador. Pueden confiar en ti por tu acercamiento inicial, pero es normal que quieran hacer su propia investigación.

Dependiendo del producto o servicio que estés vendiendo, la persona tal vez quiera hablar con tu empresa, revisar sus finanzas o hablar con el banco, todas son señales positivas porque significa que el posible vendedor está considerando seriamente hacer la compra.

No obstante, el tiempo que puedes brindarle no debe ser mucho. Puedes agendar una cita para esa misma tarde o al día siguiente, así no tienen tiempo de arrepentirse, pero les proporcionas la oportunidad de revisar lo que tengan que revisar.

Después de unos días puedes hacer un seguimiento para comprobar la satisfacción del cliente. Esto le proporciona más seguridad y confianza al cliente, sabiendo que tienes un interés genuino por su bienestar y no sólo por la ganancia monetaria. Recuerda que no eres un extraño, por eso debes mantenerte en contacto y programar reuniones de seguimiento. Los detalles para los periodos de seguimiento los puedes consultar con tu propia empresa.

8

Las objeciones

EXISTEN una gran cantidad de objeciones y excusas para rechazar a un vendedor. No importa que es lo que digan, siempre debes mantener una actitud respetuosa y profesional. Igualmente, tienes que actuar como si ya hubieras escuchado miles de veces eso que te dicen, por lo que no debes actuar sorprendido, de lo contrario, habrás perdido cualquier posibilidad.

Las frases de transición que pueden ayudar a ganar más tiempo si no sabes cómo contestar. Las frases más comunes son:

- Esa es una excelente pregunta
- Varios vecinos han mencionado la misma preocupación
- Precisamente, por eso estoy aquí

- Eso está bien, sólo permítame decirle lo que
  estoy haciendo por sus vecinos

Sin muchas personas expresan la misma preocupación, debes ajustar tu acercamiento inicial para hablar de este tema. Quizás en este vecindario ya tienen una empresa de seguridad, hay alguien que el haberla los jardines o hay una situación única que crea una necesidad. En estos casos, no debes esperar a que el posible cliente lo mencione. Cuando tu mencionas esa preocupación, tu credibilidad aumenta.

Es normal que las personas expresen al menos una preocupación respecto al producto o servicio. Entre más pronto mencionen sus preocupaciones al respecto, más rápido puedes resolverlas.

Por suerte, las preocupaciones suelen ser similares en las personas. Ahora hablaremos de las cinco principales, así como las respuestas para resolverlas.

No lo pueden pagar

Esto se menciona en cada vecindario, no importa si es rico o pobre, siempre hay alguien que dice que no tiene dinero para pagar el producto o servicio que vendes. No obstante, esto puede ser real, lo cual hace que se vuelva un reto. La mayoría de las veces, el precio será justo cuando logres demostrar el valor de lo que vendes.

El precio no debe ser revelado hasta que se hable con la persona que toma las decisiones. Con frecuencia te vas a encontrar a alguien que quiere hablar con la persona que toma las decisiones antes de realizar la compra. En este caso, te van a preguntar el precio antes de comunicárselo a la otra persona, pero tu respuesta debe ser lo más vaga posible, para así revelar el precio cuando hables con la persona que toma las decisiones.

Por desgracia, muchos vendedores cometen el error de mencionar el precio a la primera persona, creyendo que ayudará a vender el producto a quien toma las decisiones, pero esto no siempre resulta como el vendedor quiere. El vendedor debe hablar personalmente con quien toma las decisiones y así crear valor para el producto o servicio antes de hablar de costos.

A pesar de los esfuerzos del vendedor, siempre habrá circunstancias en las que el cliente no pueda pagar lo que vendes. Por lo que el vendedor debe estar preparado con una respuesta efectiva para contrarrestar esta respuesta. Cómo hemos mencionado antes, ayudar a pasar el trago amargo al dividir el precio en montos mensuales, semanales o diarios puede ayudar a ofrecer una perspectiva diferente. Otra técnica es explicar la manera en la que este producto o servicio puede ayudar a ahorrar dinero a largo plazo.

En teoría, le estás diciendo a la persona que, si cree que no tiene dinero para pagar el producto en este momento, en el momento en el que lo necesite de verdad podría resultarle mucho más costoso. Si los clientes potenciales ven que estás preocupado por ayudarles a ahorrar dinero, es más probable que logres vender.

Hablar con su pareja

Cuando una persona debe consultar a quien toma las decisiones, se puede volver algo frustrante y tardado. Sin embargo, debe ser capaz de lidiar con estas situaciones de forma efectiva.

Recuerda que no debes mencionar el precio hasta que veas a la persona que toma las decisiones. Puedes darle tiempo a la persona para que te diga que debe hablar con su cónyuge.

Puedes decir algo como: "estoy seguro de que esto es algo que le gustaría hablar con su marido/esposa, así que podemos arreglar una cita para cuando estén los dos en casa. ¿Vuelvo hoy en la noche, o quizás mañana temprano?".

Siempre debes procurar que ambas personas estén al tanto de lo que proporciona el producto o servicio para así evitar cancelaciones. Pueden hacer preguntas sobre si su pareja no se opone a esto, o si desea hablarlo con la familia antes de tomar una decisión. Recuerda que, porque una persona esté convencida de la venta, eso no significa que la otra lo esté. Por lo tanto, en la siguiente cita para ver a la pareja, debes comenzar desde el acercamiento inicial. Usa la información que ya tienes para aumentar el interés. Comunica que la otra persona está de acuerdo te dará más probabilidades.

La situación de una pareja siempre es algo complicado porque nunca es igual. Depende de la relación y las experiencias pasadas de esas personas. Recuerda tener cuidado y procura pedir la participación de la pareja en cada compra.

Pensarlo

Cuando una persona te dice que tiene que pensarlo, significa que va a tomar la decisión en sus términos, no en los tuyos, o de lo contrario te hubiera escuchado desde el acercamiento inicial. Con el tiempo te das cuenta que, cuando las personas te dicen esto, es porque te quieren rechazar de una forma menos ruda. Aunque le dejes tu tarjeta de presentación, es muy probable que nunca te llamen.

Las ventas de puerta en puerta son decisiones impulsivas, por lo que es mejor que no tengan tiempo para pensarlo.

Si te llegan a pedir una tarjeta de presentación, entrégala, pero lo mejor es decirle que el descuento es sólo en persona o que te quedan pocos ejemplares con el descuento. Estas afirmaciones te ayudarán a identificar a las personas que no están interesadas realmente, ya que su respuesta será un claro indicador de sus intenciones.

Otra técnica para lidiar con estas personas es decirles que volverás en 20 o 30 minutos y le dejas tu número telefónico por si se deciden antes. De esta manera, mantienes el control de la conversación al asumir que la persona no necesita mucho tiempo para tomar una decisión. Si la persona no está interesada, pedirá más tiempo o dirá que sólo va a llamar por teléfono.

Hágalo usted mismo

· · ·

Hoy en día, gracias al Internet, es más fácil hacer las cosas uno mismo. La sensación de empoderamiento cuando se logra hacer algo con sus propias manos es muy satisfactoria, por lo que es todo un reto venderle a estas personas.

Hay ciertos puntos que deben tratarse para lograr venderle algo a los que hacen las cosas con sus propias manos. Lo primero es reconocer tu apreciación por las personas que hacen las cosas por sí mismos y luego descubrir qué es lo que hacen específicamente, qué productos, métodos o herramientas usa.

Ya que sabes estas cosas, ahora tienes que explicarle los beneficios de usar tu producto o servicio con relación a lo que te ha dicho, sin ofender la técnica de la persona. La idea es ofrecerle una mejora a lo que ya está haciendo al señalar los siguientes beneficios:

Efectividad

Algunos productos sólo pueden ser utilizados por profesionales certificados y debes revisar su efectividad con el posible cliente, en comparación con el producto disponible en tiendas. Esto suele ser más frecuente con productos de limpieza o con insecticidas.

. . .

Garantía

La mayoría de las empresas ofrecen algún tipo de garantía. Ya sea cobertura de servicio o devolución sin costo. La empresa se haría responsable de los errores de su personal o fallas en el producto, lo cual es improbable al usar productos comerciales. Por esta razón es menos riesgoso contratar tus servicios que tienen garantía.

Complementario

Un vendedor no puede esperar que las personas dejen de usar los productos que les funcionan. Por eso, debes alentar a los posibles clientes a que sigan haciendo lo mismo, pero que también usen lo que vendes como un complemento. Que la persona sepa que estás ahí para complementar y no para sustituir su trabajo, eso te ayudará a crear una atmósfera de trabajo en equipo y cooperación, lo cual te ayudará a vender.

Tiempo es dinero

Este último punto debe hacer notar a las personas que el tiempo que pasan haciendo lo que alguien más podría hacer por ellos, podrían usarlo mejor en algo que le guste más o en el trabajo. La idea es hacer notar la importancia del tiempo para cada persona y las actividades que realizan en ese tiempo.

Aunque hayas comunicado los cuatro beneficios de usar tus servicios, habrá quienes prefieren hacerlo por sí mismos. Sin importar la intención, la razón puede ser superior a cualquier beneficio que explicas. No obstante, estos beneficios serán interesantes para muchas personas y querrán escuchar más.

Sin razón

Hay veces en las que las personas no quieren dar una razón específica del porqué no están interesados. Esto se debe a que no quieren pasar más tiempo hablando con el vendedor o no quieren explicar la razón. Estas respuestas vagas suelen ser: "no estoy interesado", "ahora no es buen momento", "no, gracias".

Estas respuestas hacen que sea difícil comprender la razón del rechazo, por lo que el vendedor debe lograr descubrir la verdadera razón. Para esto, el vendedor debe asumir la razón o usar declaraciones ganar-ganar.

. . .

Las declaraciones de ganar-ganar son aquellas que, sin importar la respuesta, el vendedor obtiene el resultado deseado. "Entonces, ¿cómo limpia sus ventanas?", "¿cómo corta el jardín?", "cómo se deshace de las plagas", etc. Si la persona menciona otra compañía, se procede a mencionar las diferencias. Si la persona dice que nadie lo hace, se puede seguir con otras oraciones ganar-ganar como: "qué tan seguido limpia sus ventanas?". Y así hasta llegar a la verdadera razón.

La otra técnica es asumir la razón. Se pueden hacer suposiciones como: "¿la decisión la tiene que consultar con su familia?", "¿no estará en casa para cuando vayamos a instalar el servicio?", "¿ya tiene contratado otro servicio?".

En esta situación, la persona tiene que aceptar tu declaración o darte una verdadera razón. Si no es ninguna de las dos opciones, puedes continuar con las suposiciones.

Estas técnicas sirven para descubrir las verdaderas razones de los posibles clientes. Hay suposiciones que funcionan mejor con ciertos tipos de personas. Con los hombres se puede confrontar su machismo, como preguntar si se pone nervioso por tener a alguien instalando el servicio en su casa. Hay que tener cuidado con el tono para no ofender a la persona. Recuerda que la intención es revelar la verdadera razón del rechazo.

Con las mujeres sirve más hablar del descuento o de tu credibilidad: "¿no confía en mí?", "¿es algo que es demasiado caro, aun con el descuento?". En este caso se debe mostrar preocupación y compasión por la persona y su situación. A veces hace falta ser creativo para que las personas sean honestas, pero conocer la verdad es algo indispensable en el mundo de las ventas.

Las cinco preocupaciones o excusas principales se resuelven si sabes cómo responder en cada situación. Si el vendedor tiene confianza en lo que dice, puede influenciar positivamente la decisión del posible cliente.

La delgada línea del "no"

Como vendedor, tienes que aprender a identificar las oportunidades en las que un "no" se puede transformar en un "sí". Nadie está completamente cerrado a una conversación con un vendedor, pero a veces es una persona inflexible a la cual no se le puede convencer de comprar.

· · ·

Parte del mundo de las ventas es saber presionar al cliente de diferentes formas para que accedan a comprar. Pero es igual de importante saber cuándo estás presionando demasiado. Esta es la delgada línea que no debes superar.

Con los apartados que ya hemos explicado en este capítulo, podrás llegar a reconocer cuando una respuesta negativa no se transformará en una positiva. La experiencia te ayudará a reconocerlo cada vez más rápido y a sentirte cómodo cuando te digan que no. Sin embargo, nunca debes rendirte y debes estar en plenas condiciones para seguir con la próxima puerta. Entre más puertas toques, tienes más probabilidades de lograr una pinta exitosa.

Una buena estrategia para que las personas se sientan cómodas diciéndote que no, es siendo educado. Puedes decir algo como "entiendo completamente que el producto/servicio que le ofrezco puede no ser útil para usted". Esta frase la puedes decir solamente cuando ya estás seguro de que la persona no va a comprar y ya estás listo para retirarte. De esta forma, la persona sabrá que ya no vas a seguir presionando y evitará que se moleste y comience una confrontación.

9

Evitar la confrontación

YA QUE ERES una persona no invitada, no ganas nada al tener una confrontación. Siempre debes ser educado y profesional. La confrontación es resultado de la arrogancia, y su opuesto es la confianza. Un vendedor arrogante nunca logrará efectuar una venta. En cambio, un vendedor confiado es directo y honesto, sabe de lo que habla y está seguro de sus palabras.

Hay personas muy groseras, pero siempre debes mantener una buena actitud para al menos tener una oportunidad de ventas. Puede ser difícil y requiere tragarse el orgullo, pero es lo que se debe hacer para obtener mejores resultados.

Si las personas han tenido problemas anteriores con el producto, la marca o la empresa, lo que se puede hacer en estos casos es pedir perdón, explicar tu relación con la empresa, preguntar si puedes hacer algo por ellos y luego volver a disculparte. No tiene caso pelear por algo que no hiciste o que no sabes. Si la persona requiere algo más que una disculpa, eso no depende de ti, pero sí puedes pasar la queja a la gerencia.

A continuación, hablaremos de dos escenarios en los que puede surgir un conflicto si no procedes de la forma adecuada.

Letreros de "No vendedores"

Las personas que ponen estos letreros no quieren que se acerquen los vendedores, pero ¿por qué? Existen diferentes razones, entre ellas está que la persona no puede decirle que no a una buena oferta. Hay personas a las que les cuesta mucho trabajo decirle que no a un vendedor y hay personas que son compradoras compulsivas. El punto es que las personas que viven en casas con letreros de "No vendedores" no saben como decir que no, por lo que es buena idea intentarlo.

El consejo es que sólo acudan a estas casas cuando el vendedor se sienta lo suficientemente cómodo y confiado para hacerlo. Estas casas son intimidantes, por lo que será evidente para el dueño de la casa si el vendedor se siente nervioso o inseguro, lo cual hace imposible que el vendedor logre hacer algo. Aquí es cuando el posible cliente suele decirle al vendedor "¿no viste el letrero?".

El vendedor siente vergüenza ante esta pregunta y no logra formar una respuesta coherente o convincente del porqué tocó la puerta a pesar del letrero. Esto lleva a que el vendedor ya no tenga ganas de intentarlo en otras puertas con letrero.

El truco para vender en estas casas es, como se dijo antes, acercarse como un mensajero de buenas noticias, no como un vendedor. Hay cuatro reglas para lograr vender en las casas con letrero de "No vendedores" y sin confrontaciones.

Primera regla: estar ocupado

Cuando la persona abra la puerta, debes estar haciendo otra cosa además de saludar a la persona.

Cuando estás ocupado haciendo algo, hace más creíble que no hayas visto el letrero.

. . .

Puedes estar tomando notas en tu carpeta, terminando una llamada telefónica o cualquier cosa, pero que el posible cliente se dé cuenta de que estabas ocupado.

Segunda regla: pedir disculpas

Debes suavizar tu acercamiento inicial con estas personas. Se recomienda iniciar con una disculpa: "Hola, lamento molestarlo. Mi nombre es…".

Al comenzar con una disculpa reconoces que puedes estar en un lugar en el que no eres bienvenido y ayuda a calmar la tensión. En este momento y situación, una disculpa no es señal de debilidad, si no de cortesía.

Tercera regla: mencionar nombres

Al igual que en el acercamiento inicial, en este caso también debes mencionar los nombres de los vecinos.

Algo como: "Hola, lamento molestarlo.

.   .   .

Acabo de hablar con los Muñoz de aquí al lado y con los Álvarez de la esquina. Ellos querían asegurarse de que usted estuviera enterado de lo que hago en el vecindario".

Este inicio es completamente propio de un mensajero, no de un vendedor, por lo que podríamos decir que el letrero de "No vendedores" no se aplica a ti.

Cuarta regla: reconocimiento

Aunque hayas estado ocupado, te hayas disculpado y hayas mencionado nombres, todavía te pueden preguntar por el letrero. Si este es el caso, es mejor disculparte de nuevo, admitir que viste el letrero y comunicar que tu intención no es venderle algo. Si la persona se ofende, debes disculparte.

Lo más importante es que debes tener confianza cuando te acercas a estas casas. Si el posible cliente llega a notar dudas o nerviosismo, es probable que te reclame por estar en su puerta. Recuerda que estas casas tienen la misma probabilidad de venta que las otras, así que no te rindas.

Te piden que te retires

. . .

Cuando una persona te pide que te vayas, lo más inteligente que puedes hacer en estos casos es irte. Es una buena forma de evitar la confrontación. A lo que me refiero es que, si un vecino te pide que te vayas, te vas, pero vuelves al día siguiente o a diferente hora. Si al regresar otra persona te pide que te vayas, te vas y vuelves al día siguiente. No obstante, si el guardia del lugar o la policía te piden que te retires, debes considerarte excluido del lugar y no debes volver.

Ser corrido por la policía puede ser algo abrumador, lo que puede llegar a dañar la confianza y la seguridad del vendedor. Aun así, es normal que le pase mínimo una vez a todos los vendedores, en especial al inicio de su carrera, sin embargo, lo mejor es evitar que suceda. Puedes sentir cuando la persona se está molestando y quiere llamar a la policía. Si este es el caso, debes irte inmediatamente.

Hay algunas frases que suelen llevar a que la persona llame a la policía, por lo que debes tener cuidado.

- Se supone que no debes estar vendiendo en esta zona
- Los vendedores a domicilio están prohibidos en esta ciudad
- ¿Sabías que no puedes estar vendiendo en esta colonia?

Si quieres seguir vendiendo en la zona, debes contestar a cualquiera de estas cosas con un agradecimiento por hacerte saber que no debes estar ahí, y te vas.

Hay ocasiones en las que una persona no justificada te pide que te retires. Quizás no hay una ley o prohibición para los vendedores a domicilio. Aun así, debes retirarte. Recuerda que siempre debes comportarte de forma profesional y educada.

Si la policía es quien se acerca, lo mejor es que te comportes de forma educada y que hagas lo que te piden. Dependiendo de la ciudad, te pueden multar, dar una advertencia o llevarte a la estación para comprobar tus antecedentes, opciones que tienen un impacto negativo en el uso de tu tiempo y dinero. Para menos conflicto y desperdicio de recursos, tienes que hacer lo que te piden y ser educado.

También puedes investigarlo desde antes. Para cada ciudad puedes investigar la ley respecto a los vendedores a puerta fría.

Algunos lugares pueden requerir que tengas licencia y otros pueden no tener ninguna ley al respecto. En cualquier caso, debes hablarlo siempre con tu gerente.

. . .

Siempre es mejor tener precaución y evitar cualquier enfrentamiento. Debes ser humilde, maduro y controlar tus emociones para evitar el conflicto. Recuerda que tus acciones tendrán repercusiones en tus ganancias. Es mejor moverte a otra zona y tocar en otras puertas.

10

Los tres valores de la victoria

EXISTEN tres valores principales que ayudarán a cualquier vendedor a tener éxito en las ventas. Si te apegas a estos principios, es muy probable que te vaya bien en el mundo de las ventas.

Los tres principios que generan un mayor impacto son: trabajo duro, resistencia mental y compromiso.

Trabajo duro

Al inicio, los vendedores se concentraban en el trabajo duro y en las cosas que afectaban su porcentaje de ventas, cosas que sí podían controlar, como la hora a la que comenzaban a tocar puertas, la cantidad de casas que visitaban y a qué hora dejaban de tocar puertas. Luego.

. . .

Los vendedores comenzaron a concentrarse en cosas que estaban fuera de su control, como el porcentaje de comisión y el requerimiento de horas.

Las personas que quieren ser vendedores de puerta en puerta, ahora hacen exigencias sobre la hora a la que trabajan, que quieren más incentivos y tiempo para hacer otras cosas. Es decir, que quieren tener los mismos beneficios sin tener que trabajar tanto.

Trabajar duro es algo subjetivo, es algo diferente para cada persona. La realidad es que, para ser un vendedor exitoso se deben tener dos valores: una buena ética de trabajo y tener talento.

La ética de trabajo debe ser una verdadera ética. No puedes ganar dinero si no estás trabajando, así de sencillo.

Por eso tienes que trabajar las horas que se te piden y poner más de tu parte para asegurar que el trabajo sea realizado exitosamente. No importa lo difícil que sea, tienes que trabajar lo que se te pide y más.

. . .

El talento es la habilidad de hablar con confianza con cualquier persona y ser capaz de influenciarla para que piense lo que quieres. Puedes convencer a cualquier persona si tienes confianza en ti mismo y estás seguro de lo que dices.

La combinación del trabajo duro y del talento es casi la garantía perfecta del éxito. Sin embargo, aunque haga falta uno de ellos, todavía se puede lograr. Los vendedores que carecen de talento, pero lo compensan con trabajo duro, son capaces de tener éxito en las ventas. Incluso pueden lograr más ventas que los vendedores que son talentosos, pero que no trabajan duro.

Si apenas estás comenzando en el mundo de las ventas, puedes compensar la falta de aprendizaje con más trabajo. Esto ayudará a mejorar en todos los ámbitos, ya que la práctica y la repetición ayudan a aprender. Entre más hables con distintas personas, más aprendes y mejoras tu discurso de ventas, por lo que tienes más probabilidades de lograr una venta.

Para saber si estás trabajando lo suficiente, la medida es la siguiente:

El primero en llegar, el último en irse

. . .

Tienes que estar en el campo si quieres lograr vender, sólo puedes mejorar si estás afuera tocando puertas. Por eso, debes ser el primero en comenzar a tocar puertas y el último en regresar a la oficina.

Estar dispuesto a trabajar de esta forma significa que tienes la voluntad de cumplir con tu meta. Quizás te encuentres con un cliente que quiere hacer cita para las 10 de la noche, cuando todos tus compañeros de trabajo ya están descansando en casa. Tú tienes el control de qué tan duro trabajas y puedes si es más importante cumplir con esa cita tardía o ir a casa a descansar.

El que hayas logrado la meta del día no significa que haya terminado la jornada de trabajo. La primera venta es la más difícil, pero las siguientes se vuelven más sencillas, por lo que debes aprovechar cada día.

El éxito y el trabajo duro van de la mano. Si de verdad tienes ganas de ser exitoso, entonces trabajarás duro y no perderás de vista tus objetivos. Así, el sacrificio diario se vuelve más fácil de aceptar y realizar.

Resistencia mental

. . .

La resistencia mental es la capacidad de mantenerse firme en las convicciones personales, sin importar lo que pase alrededor. Lo más difícil de mantenerse resistente como vendedor es verse activo y fresco en cada puerta, incluso si la persona anterior te insulto. Cada puerta es una persona nueva.

Cada puerta es una nueva oportunidad para vender, por lo que tienes que llegar con tu mejor apariencia y actitud. Nunca sabes lo que puede resultar de cada puerta y no podrás saber cómo hubiera resultado el encuentro si hubieras tenido una mejor actitud.

El éxito en las ventas es más que las horas físicas que trabajas. Las horas mentales deben estar a la par de las físicas para estar concentrado. Sólo así se puede tener una producción efectiva y eficiente.

Al menos en este trabajo, el esfuerzo sí se recompensa. Si estás concentrado durante el trabajo, lograrás más ventas y, por lo tanto, más comisión. No es lo mismo con un trabajo monótono de oficina.

. . .

Cada casa es una oportunidad, por lo que no debes dejar que el rechazo anterior repercuta en la siguiente puerta, es "borrón y cuenta nueva". No es fácil mantenerse fuerte mentalmente cuando te rechazan puerta tras puerta, día tras día. No obstante, no debes tomarte estos rechazos de forma personal; el rechazo es hacia el producto o servicio que ofreces.

Existen varias maneras de ser más resistente mentalmente, pero al final depende de ti. Puedes trotar de puerta en puerta, puedes no llevar reloj para que el tiempo no te persiga, recompensarte después de una venta o puedes tener una rutina consistente fuera del trabajo, todo con tal de no pensar en experiencias negativas del trabajo.

La resistencia mental se puede lograr de distintas maneras dependiendo de las experiencias de vida y de los factores motivacionales de cada persona. Es muy importante saber qué te ayuda a mantenerte concentrado para lograr tener un éxito consistente.

Compromiso

Un buen vendedor debe estar comprometido con su trabajo. Tienes que tener el objetivo de nunca faltar al trabajo y siempre llegar a tiempo. En el mundo de las ventas, una de las cosas que debes establecer claramente es tu objetivo de ventas, la cantidad de productos o servicios que quieres vender al día, a la semana o al mes.

Aquellos que se comprometen consigo mismos a ser exitosos son quienes lo van a lograr. Se requiere una gran fuerza de voluntad para lograrlo y eso solo surge de tener un objetivo claro y compromiso con uno mismo.

Si bien no es un trabajo muy glamoroso, ser vendedor a puerta fría es la manera más rápida y legal de ganar mucho dinero en poco tiempo. Es un trabajo en el que de verdad te ganas cada centavo.

Estar comprometido significa que la devoción y la dedicación que se invierte es consistente en los días buenos y en los días malos. Es fácil estar comprometido con los días buenos, pero aquellas que están realmente comprometidas con su trabajo se mantienen firmes aún en los días más difíciles.

Los vendedores que renuncian cuando todavía hay luz del día para seguir tocando puertas, son quienes tienen problemas para aprovechar todo su potencial.

Si ya has hecho un compromiso con tu jefe, un miembro de la familia, un amigo o, más importante, contigo mismo, te debes a ti mismo el honor de cumplir con ese compromiso. Los vendedores que cumplen con sus compromisos diarios son quienes tienen más probabilidades de tener éxito.

Aquellos vendedores que quieran destacar en el mundo de las ventas deben tener la voluntad de incorporar los tres valores del éxito en su rutina diaria, deben trabajar duro, tener resistencia mental y estar comprometidos. Sólo así se puede lograr ser un vendedor exitoso.

11

Mejorar la productividad

PARA SER un buen vendedor tienes que aprender a gestionar tu tiempo de forma efectiva. Una buena gestión es una estrategia clave para las ventas. Como parte de una empresa o como su dueño, el objetivo principal es concentrarse en mejorar la productividad de ventas para maximizar los ingresos. Esto es un desafío para cualquiera que entre en este mundo, en especial para los vendedores que sólo tienen unas cuantas horas al día para tratar con los dientes, tiempo en el que tienen que hacer que se logren la mayor cantidad de compras. La pregunta es: ¿cómo cubrir todas las responsabilidades?

El primero es tener muy claro los objetivos para poder establecer una ruta. A partir de ahí se puede elaborar un horario eficiente que incorpore las tareas más exigentes.

· · ·

En negocios administrativos y empujar el tiempo en las ventas reales. Aun siendo un vendedor, tienes que aprender a administrar el tiempo de venta, el tiempo de investigación y estudio, y el tiempo en tareas administrativas.

Metas

Como ya hemos dicho, no siempre es fácil mantenerse motivado día a día, puerta a puerta. Hay días difíciles y personas de carácter complicado que siempre llegan a ser un reto. Hay formas bastante sencillas de establecer metas que pueden ayudar a mantenerte motivado.

Una de las más sencillas es definir el territorio que se quiere cubrir un día específico, las calles que se quieren abarcar o la cantidad de puertas. Esto ayudará a que sea responsable y te mantengas en el camino adecuado.

Se ha demostrado cuando se establece un objetivo, lo más importante es aclarar las prioridades y la dirección que se va a tomar. De esta manera, las personas saben cuáles son los pasos que deben tomar. Tener estos puntos de referencia hacen que el camino sea claro.

. . .

Cada vez que se logre cumplir uno de estos objetivos, la persona sentirá satisfacción, lo cual va a aumentar la motivación para cumplir con el siguiente objetivo. Por esta razón, deben establecerse objetivos realizables y coherentes, varios a lo largo del camino para ir calificando el avance.

Para un gerente, las metas también pueden servir como sistema de puntuación o medición, el cual sirve también para designar una calificación para verificar la tasa de producción del vendedor.

Prioridades

Al igual que con las metas, los vendedores tienen que reconocer quienes son sus clientes más valiosos. Esto es más relevante para aquellas empresas que ya tienen una clientela establecida o para quienes tiene que hacer visitas de seguimiento.

Para los vendedores a puerta fría, los clientes más importantes serán aquellos que sí estén interesados en el producto y servicio.

. . .

Según lo mencionado, son las personas que hacen preguntas y que escuchan con atención, por lo que el vendedor debe saber atrapar a su audiencia.

El gerente y el vendedor tienen que establecer un mapa para la verificación diaria, ya sea para las casas que se quieran visitar o para los clientes a los que hay que dar seguimiento. Es importante identificar quién está en la parte superior de las prioridades y asegurarse de visitar a sus clientes más exigentes primero.

Un representante de ventas sabe que es imposible visitar a todos los clientes en un día, en especial si se hicieron muchas citas para la instalación del servicio o la entrega del producto. Si no hay un horario establecido, es mejor comenzar con los clientes exigentes. Si ya hay citas programadas, hay que seguir la agenda y ser puntuales con los clientes.

Recuerda que debes priorizar a los clientes existentes sobre los clientes potenciales. Esto en cuestión de atención del cliente, aclaración de dudas, citas de seguimiento y visitas a domicilio. Esto se debe a que el fomento de las cuentas activas es muy importante para mantener buenas relaciones con los clientes.

· · ·

Los clientes nuevos verán que valoran a los clientes existentes y van a querer ese tipo de trato.

Al establecer la jerarquía de necesidades se define un enfoque racional que incrementa las ventas y mantiene a los clientes. Esto ayuda a que el vendedor pueda actuar siguiendo un orden y que las ventas sean consistentes.

Herramientas

Hoy en día existen muchas herramientas de ventas gracias a la tecnología actual. Con estas herramientas tecnológicas, el vendedor puede ahorrarse tiempo, por lo que tiene un impacto positivo en la productividad.

Algunos productos, como SPOTIO, que ayudan a administrar la gestión de relaciones con el cliente (CRM) y a organizar las líneas de comunicación con ellos. Hay otros programas, como Badger Maps, que incluso pueden ayudar a crear las rutas más óptimas para visitar a los clientes, incluyendo el número de paradas, la distancia y el tráfico.

Se puede ajustar para incluir paradas para comer o dormir, se pueden filtrar los clientes por medio de colores para establecer las paradas prioritarias. Dependiendo de la aplicación, se pueden insertar notas para cada cliente, registrar el seguimiento y la frecuencia con la que se visitan, etc. Esto ayudará a registrar y hacer eficientes las visitas a los clientes. Gracias a su base de datos, se puede mantener un registro a largo plazo.

Recuerda que lo más importante para mejorar la productividad es la gestión de tiempo al establecer metas claras a corto y a largo plazo. Además, las relaciones se pueden mejorar y las visitas se pueden hacer más eficientes con la ayuda de aplicaciones que hoy en día están a la disposición de los vendedores y las empresas.

Evaluación de prospectos

Existen un par de técnicas de ventas que ayudan a adaptar tu propuesta de calor según una serie de preguntas que guiarán al posible cliente a percibir tu producto o servicio como una necesidad.

Estas técnicas siempre hacen que el cliente sea el protagonista del proceso de venta, porque, como recordarás, tienes que hacer que el cliente sienta que él es lo más importante y que tiene el control, sólo que el vendedor debe ser quien controle la conversación en realidad.

. . .

El método PANT (BANT, por sus siglas en inglés) es una de las técnicas para seleccionar a los clientes con mayor potencial de compra, es decir, los que tienen más probabilidad de convertirse en clientes reales.

Las siglas representan lo siguiente:

- Presupuesto: ¿la persona tiene presupuesto de compra? Esto lo puedes saber por medio de las respuestas del posible cliente a tus pertinentes preguntas.
- Autoridad: ¿la persona tiene la autoridad para decidir sobre la compra? Como hemos mencionado, a veces las personas necesitan consultar con su pareja, por lo que debes volver a la hora en la que se encuentre o que llame en el momento.
- Necesidad: ¿necesita el producto o servicio? Si es evidente que necesita el producto o servicio, puedes venderlo más fácil. De lo contrario, tienes que crear la necesidad y construir el valor.
- Tiempo: ¿cuánto tiempo va a necesitar para realizar la compra? Tal vez logras convencer a la persona en la primera charla, puede tomar 5 minutos o 20 minutos, dependiendo del interés del posible cliente. Tal vez el posible

cliente te pida una cita para que vuelvas esa misma tarde o al día siguiente para hablar con su pareja. Hay citas que son rápidas y otras que no.

La segunda técnica la pueden utilizar los vendedores para conducir la conversación con los clientes. Se llama ventas SPIN:

- Situación: las preguntas sobre la situación recopilan información, hechos y datos de referencia sobre la situación actual del posible cliente. Esto te ayudará a encontrar temas que pueden hacer que la conversación sea única, además de obtener información que será muy útil para seguir la conversación hacia la compra.
- Problema: son preguntas que recopilan información sobre los problemas actuales del siguiente respecto a sus procesos, productos o sistemas. Esto te permite encontrar los posibles errores que tu producto o servicio puede solucionar por referencia respecto a la competencia es que, como ya hemos explicado, puedes utilizar para comparar con tu producto o servicio.
- Implicación: las preguntas y afirmaciones sobre la implicación destacan las consecuencias de no resolver los problemas identificados en la fase anterior. Cuando

realizas estas preguntas de la forma adecuada, el posible cliente se da cuenta de todas las formas en las que tu producto o servicio podría ayudarle.

- Necesidad: en consecuencia con el paso anterior, las preguntas sobre la necesidad hacen que los posibles clientes identifiquen sus propias necesidades respecto a tu producto o servicio. Todo tu discurso trata de crear la necesidad o el deseo de obtener aquellos que estas vendiendo, por lo que es el paso más importante

Técnicas de sondeo

El sondeo es una habilidad y una actividad muy importante para las ventas a domicilio. Hay varios consejos que pueden ayudar a que los vendedores mejoren tus resultados.

- Recopilar información del cliente para el proceso de seguimiento

Primero que nada, los vendedores deben considerar el sondeo como un proceso en el que pueden conocer qué clientes potenciales, descubrir sus necesidades, presentar productos y realizar ventas. Sin embargo, también pueden recopilar información importante para el proceso de seguimiento.

El proceso de seguimiento es elemental debido a que muchos clientes potenciales pueden desear realmente el producto o servicio, pero no están listos en ese momento.

Como ya hemos mencionado, es importante intentar realizar la venta en el primer encuentro, pero, de no ser posible, debes estar listo para dar seguimiento. Debes tener información de la persona para que puedas mantenerte en contacto.

La mayoría de las personas no quieren dar su correo electrónico para que no les manden anuncios no deseados (SPAM). Sin embargo, si le ofreces a la persona algo gratuito, entonces es probable que esté más dispuesta a brindar su información.

Un libro electrónico es un buen ejemplo, ya que puede brindar consejos útiles respecto al producto o servicio, por lo cual es un valor añadido y una forma de obtener el correo electrónico de la persona.

. . .

Con el correo electrónico, puedes sistematizar una campaña de correo electrónico para mantenerte en contacto con el cliente. Si cambian las circunstancias del cliente y él o ella quiere contactarte para comprar tu producto o servicio, o si tiene dudas al respecto, puede mandarte un correo.

- Agendar una cita

Durante la conversación inicial, el vendedor debe saber qué tan dispuesta está la persona a comprar durante el proceso de venta. Si el vendedor cree que se necesita más tiempo, puede cambiar de táctica y programar una cita en vez de efectuar la venta en el momento.

Si el vendedor cree que no va a lograr la venta en ese momento, es igual de importante lograr programar una cita para aumentar las probabilidades de mantener el contacto.

Sin embargo, hay que saber identificar cuándo las personas programan una cita simplemente como una forma de rechazar la venta en ese momento, ya que van a cancelar la cita después.

· · ·

Cuando el vendedor explica los beneficios de cumplir con la cita, es más posible que el cliente atienda a la cita. Ahora hablaremos de una técnica que pueden utilizar los vendedores de puerta en puerta para lograr más citas y, por lo tanto, lograr más ventas.

1. Presentar, al menos, tres beneficios respecto a atender a la cita
2. Pedir una cita a una hora específica y confirmar la fecha y hora con el posible cliente
3. Darle al posible cliente un recordatorio de la cita en una tarjeta y pedirle que escriba la hora y la fecha de la misma

- Debes estar listo para lo que sigue

Ya sea una respuesta positiva o negativa, necesitas estar preparado para lo que sigue. Si fracasas en este paso, es posible que pierdas la oportunidad. Si la respuesta es positiva, entonces debes estar preparado con el acuerdo de venta y con un calendario para programar la cita, lo cual depende del tipo de respuesta afirmativa con la que estés lidiando.

Si la respuesta es negativa, debes tener preparado un pedido de respaldo. Por ejemplo, se recomienda dejar alguna tarjeta de contacto o un folleto y pedirle a la persona que se lo entregue a alguien que pueda necesitar tu producto o servicio.

. . .

Lo importante aquí es tener una interacción positiva con la persona, ya que esto ayudará a que pueda recibirte en otra ocasión o que le agrades y te ayude a expandir tu red de clientes.

- Organiza tus esfuerzos

Si planeas por adelantado y optimizas tu sondeo, tendrás una gran ventaja. En este. Te pueden ayudar las herramientas de las que ya hemos hablado para tener una ruta eficiente y un registro de los clientes y su seguimiento.

Esto te ayudará a ser más eficiente.

- Dejar información

Una buena forma de llamar la atención respecto a tu presencia y la marca es dejar un folleto, tarjeta o colgante de puerta. Si la persona no está en casa, es una gran idea dejar una pequeña notificación de que estuviste ahí.

Haz esto alerta al posible cliente de tu preferencia y también puede hacer que piense en tu producto o servicio.

. . .

Si la persona abre la puerta, también debes dejar un folleto o tu tarjeta de contacto, de esta forma va a recordar tu visita para mantenerse en contacto contigo o, si no se efectuó la venta, le permite reconsiderar y llamarte cuando cambie de opinión.

Cuando hagas seguimiento, tu tarjeta de presentación te ayudará a presentarte a tu producto o me iré a ti mismo. Eso también sirve para crear un indicio de conversación cuando conoces a un cliente por primera vez o cuando vuelves para una cita de seguimiento.

Contratar un equipo de ventas profesional

Si eres el dueño de una empresa de ventas a domicilio, es muy importante contratar a las personas indicadas.

Si no contratas a buenos vendedores, vas a tener problemas y pocas ventas.

Una de las primeras cosas que debes hacer al crear tu equipo de trabajo, es saber cuál es tu candidato ideal. Tienes que saber cuáles son los atributos que buscas y las habilidades que requieres en un vendedor.

. . .

También debes decidir si quieres un vendedor experimentado o candidatos que son nuevos en el negocio. Los vendedores experimentados pueden comenzar a trabajar de inmediato y ofrecen resultados, pero puede ser que ya tengan un estilo o hábitos que no deseas en tu empresa.

Los vendedores novatos pueden comenzar lento y no entregar resultados de forma inmediata, pero tienes la oportunidad de entrenarlos para hacer exactamente lo que quieres que hagan.

Se recomiendan mínimo tres y máximo cinco candidatos ideales en tu equipo. Aunque esto requiere un compromiso de unas cuantas horas adicionales, esto te llevará a ahorrar tiempo en las entrevistas de trabajo.

Un buen lugar para solicitar vendedores es en las universidades, ya que muchos jóvenes desean ganar experiencia laboral o dinero para viajes, incluso puede ser para cumplir con sus objetivos futuros, como comprar una casa.

Durante la entrevista de trabajo, debes hacer las preguntas indicadas para conocer bien a la persona y saber si se ajusta a tu perfil ideal del vendedor. Algunos ejemplos de preguntas son:

- ¿Qué te motiva y por qué?
- ¿Qué es lo que más te gustó y lo que menos te gustó de tu antiguo lugar de trabajo?
- Comparte un ejemplo DE cuando convenciste a alguien de hacer algo que no estaba interesado de hacer en ese momento
- ¿Cuál es tu método para establecerte metas y mantenerte apegado a ellas?
- ¿Cuáles son tus planes a futuro, a tres años, a cinco años?
- ¿Algo que hayas aprendido en el trabajo y que sigues utilizando hoy en día?
- ¿Cómo te comportas cuando te rechazan?
- ¿Cómo celebras el éxito?

12

Los vendedores deshonestos

Según una encuesta del 2010, la profesión menos confiable en los Estados Unidos de América era la de política. En segundo lugar, estaban los vendedores.

¿Por qué tienen tan mala reputación los vendedores? Tal vez se deba a malas experiencias pasadas o es por culpa de las películas que plantean a los vendedores como fraudes hambrientos de dinero, quienes dicen y hacen lo necesario para lograr una venta. Incluso el vendedor más honesto puede ser considerado corrupto debido a que se les asocia con esa culpa y no con evidencia verdadera.

Cuando un vendedor traiciona la confianza de su cliente, es muy difícil que la persona olvide y perdone. Incluso, para algunas personas, el perdón no es una opción.

Las personas no quieren volver a vivir una mala experiencia, por lo que un vendedor deshonesto puede llevar a que una persona nunca más quiera lidiar con ellos.

Hay tres tipos de vendedores que eligen ser deshonestos: los que consideran que la deshonestidad lleva al éxito, los que tienen una ética basada en las ganancias y aquellos que no tienen conocimientos suficientes.

La deshonestidad y el éxito

Cuando un vendedor logra vender algo basándose en información falsa, sucede que el vendedor seguirá confiando en las mentiras y en las medias verdades para lograr vender. Conforme esta creencia continúa, sólo es cuestión de tiempo que el vendedor comience a creer que las mentiras son verdad y luego se vuelve imposible corregir su conducta.

Lo peor del caso es que los vendedores no se dan cuenta de que, sin las mentiras, de todos modos, podrían vender el producto o servicio. Al final, las mentiras no son lo que vende, sino la confianza del vendedor, el conocimiento y la pasión con la que venden.

. . .

Las personas pueden dejar de creer en lo que dice la persona, pero lo que los hace creer es la pasión con la que lo dice el vendedor.

Es mucho mejor establecer expectativas realistas a los clientes y dejar que la pasión y el conocimiento del vendedor sea lo que venda el producto o servicio. Igualmente, cuando las personas se enteran de la mentira, es muy probable que cancelen, aunque no siempre, pero, como ya hemos mencionado, hay que hacer todo lo posible para evitar cancelaciones.

El dinero y la ética

Otra razón por la que los vendedores prefieren mentir es porque aprecian más el dinero que su dignidad. Cuando el dinero es la única motivación, se pierde cualquier ética o moral.

Algo sobre lo que suelen mentir los vendedores deshonestos es sobre la duración del acuerdo y la garantía.

Mentir sobre la duración del acuerdo es más probable cuando se le pagan las comisiones completas ál vendedor antes de que los clientes cumplan con el término requerido según el acuerdo.

En vez de dar información falsa, los vendedores deberían explicarle al cliente sus obligaciones al comprometerse con un acuerdo anual: "Queremos que pruebe nuestro servicio por un año, así puede comprobar lo valiosos que somos para hogar, pero nuestro objetivo a largo plazo es proporcionarle nuestros servicios durante todo el tiempo que viva en esta casa".

Al ser honesto y directo respecto a las expectativas de servicio y el objetivo a largo plazo, te ganarás la confianza y el respeto de los clientes, quienes sabrán que estás interesado en un compromiso a largo plazo y no unas ganancias rápidas.

Los vendedores también engañan a los clientes al exagerar sobre la garantía del producto o servicio. Básicamente, los vendedores deshonestos dirán cualquier cosa para lograr una venta. Cuando el dinero es la única motivación, surgen los vendedores fáciles y los que acceden a cualquier cosa que pida el cliente.

Claro que el dinero es una buena motivación, pero si es la única, se compromete la integridad y la dignidad del vendedor para decir cualquier cosa con tal de convencer al cliente de efectuar la venta.

Falta de conocimiento

Los vendedores que no saben lo suficiente sobre lo que venden es probable que sean deshonestos por falta de conocimiento. Los vendedores que no están informados cometen errores de omisión debido a su falta de conocimiento sobre el producto o servicio. Estos errores pueden no ser intencionales, pero igualmente tienen el mismo efecto en los posibles clientes y en la compañía que representan.

Te debes a ti mismo, a la compañía y al posible cliente saber todo lo que puedas sobre el producto o servicio que estás vendiendo. Como ya hemos mencionado, la ética de trabajo no solo se muestra en el momento de la venta, si no también en la preparación. Entre más tiempo y esfuerzo le dediques a aprender sobre lo que estás vendiendo, más te van a creer los posibles clientes.

Es inevitable que haya preguntas que no puedes contestar.

. . .

Pero, en vez de mentir o inventar algo, el cliente va a apreciar la honestidad del vendedor al admitir su falta de información. En este caso, se vale que el vendedor diga que no lo sabe, pero que puede averiguarlo en ese momento si le permite unos minutos para llamar por teléfono a su gerente.

Comentarios como este serán bien recibidos por el cliente porque hablan de un esfuerzo en conjunto para resolver esta y futuras dudas del cliente.

Si una persona pregunta por un producto químico, si es seguro para niños y mascotas, se le puede decir que está aprobado para uso del hogar, pero, si lo quiere, se le puede entregar una lista de las especificaciones de cada ingrediente de los productos que se usen en su casa. Esto demuestra una verdadera preocupación por la persona.

Este tipo de respuestas ayudan a que el vendedor se gane la confianza del cliente.

Los vendedores proporcionan mucha información durante una venta, por lo que es importante ser honesto durante todo el proceso. La más mínima mentira puede llevar a una red de mentiras interminable, por lo que se recomienda ser honestos en cada momento.

. . .

Es importante tener una ética de trabajo firme y trabajar de forma honesta. Ambos aspectos llevan a la excelencia. Todas las ventas engañosas son descubiertas, sin excepción. Es cuestión de tiempo. Por eso, siempre es mejor ser honesto desde el inicio hasta el final. Una conciencia limpia tiene más valor que el dinero que se gana con malas prácticas. En las ventas, la honestidad es la mejor política.

13

Los tres pecados capitales de las ventas

HAY tres tendencias principales que afectan la producción de un vendedor. Es normal que un vendedor poco experimentado cometa uno de los tres pecados de las ventas, todos los vendedores lo hacen. Y muchos de ellos cometen dos o los tres pecados de las ventas. Pero, no te preocupes, esto se puede solucionar con algo de entrenamiento y práctica.

El primer paso es identificar el problema, luego sigue cómo arreglarlo. En la sección donde hablamos de cómo arreglarlo, vamos a compartir unos cuantos consejos y ejemplos de las varias formas de arreglar cada problema.

El robot

• • •

Es bastante común observar el pecado del robot. Este consiste en hacer lo mismo una y otra vez, esperando que los resultados sean los mismos en cada ocasión. Algunos de los vendedores que tiene problemas con la consistencia, precisamente es porque repiten las mismas frases y palabras, a pesar de su inefectividad. Los vendedores creen que el vecindario tiene algo malo, cuando en realidad son ellos quienes no tienen la suficiente creatividad y originalidad para hablar con cada persona. La repetición es una forma impersonal y aburrida de comunicarse que hace que las personas sientan que están escuchando un libreto, en vez de tener una verdadera conversación.

Este pecado se hace presente en cada momento del proceso de venta, pero es especialmente notorio durante el acercamiento inicial. Muchos vendedores repiten esos 45 segundos tan cruciales que establecen lo que debería ser la credibilidad del discurso. Es como si fueran un mensaje pregrabado. Los posibles clientes merecen tener una verdadera conversación, algo sobre lo que el vendedor sienta una pasión genuina.

No obstante, esto no es fácil. La naturaleza humana nos lleva hacia las rutinas. Pero las preguntas y los comentarios de los clientes son únicos, por lo que cada respuesta debe ser diferente y ajustada a sus necesidades únicas.

No pueden existir las respuestas comunes que se dicen sin pensar.

Como vendedor, debes tener en cuenta que el cliente no va a cambiar, sino que tu eres el que debe ajustarse. Las personas se dan cuenta cuando alguien les está hablando en piloto automático y pierden el interés.

Para los vendedores que sólo van tachando cada una de las cosas que necesitan decir, aquí están unos cuantos consejos para arreglarlo.

Cómo arreglarlo

Existen varias maneras. Una forma es aprovechar el tiempo entre cada casa para hacer una autocrítica y para identificar algunas maneras de mejorar. Las ventas requieren de reflexión y se puede aprender algo nuevo en cada encuentro. Un buen consejo es nunca duplicar una conversación. Al ser genuino en cada conversación, también hace que las personas pongan más atención porque no saben qué es lo que vas a decir.

Hay dos maneras de mantener diferente cada conversación, una es la mención de nombres, de la cual ya se habló, y la otra es el servicio al cliente. Si has tenido la oportunidad de acudir a un evento con un buen servicio al cliente, te darás cuenta de lo que hablo. Cuando tienes a un ejército de personas ofreciéndote comida, mostrándote tu lugar en la mesa, llevándote la comida y ofreciendo un regalo al final del evento, te sientes como una persona importante y se te olvida cualquier inseguridad.

En las ventas, tienes que ser capaz de brindar al cliente esta experiencia y atender a sus deseos y necesidades con tu producto o servicio, como si ese cliente fuera la persona más importante. Ahora unos ejemplos para que veas de lo que hablo.

- Edad de la casa

Si el producto o servicio que vendes es para el mejoramiento o para el mantenimiento del hogar, entonces puedes hacer que tu servicio al cliente gire alrededor de la edad de la casa. Esto ayudará a que cada conversación sea única.

Puedes dividir las casas en tres categorías: nuevas, casas usadas y casas viejas.

Las personas que acaban de comprar casa quieren invertir en productos y servicios que beneficien su inversión más importante del momento. Por ejemplo, en ese momento no tendrá problemas con plagas molestas, pero se le puede ofrecer para prevenir que llegue a infestarse y que los animales destruyan la estructura de su casa y los muebles.

Igualmente, en el caso de un sistema de seguridad, a los residentes de una casa nueva se les puede decir que los ladrones suelen tener las casas nuevas como objetivo porque es improbable que tengan un sistema de seguridad. El vendedor debe considerar que las personas con casas nuevas no comprar por cuestión de una necesidad que acaba de surgir, sino como medida de precaución.

Cuando se acude a una casa vieja, la historia es distinta.

Lo primero es averiguar la historia de la casa, por lo que debes preguntar si la casa es de los habitantes, cuántas veces ha sido vendida, si conocen a los residentes anteriores, etc., estas cosas ayudan a proporcionar un buen servicio al cliente.

A partir de estas respuestas, el vendedor puede concentrar su discurso de ventas para mejorar el hogar, considerando que no conocieron a los residentes anteriores o que la casa podría rejuvenecer con un buen servicio. Si las personas llevan viviendo ahí desde la construcción de la casa, entonces es probable que ya hayan pensado en conseguir el producto o servicio que ofreces.

Por ejemplo, a los residentes de una casa vieja se les puede vender un sistema de seguridad mencionando que los ladrones suelen robar estas casas porque las cerraduras viejas de puertas y ventanas son fáciles de abrir. Recuerda que las personas son expertas en su hogar, por lo que siempre debes preguntar y escuchar con mucha atención.

Para las casas viejas considera que las personas suelen buscar productos o servicios que sirvan para reparar o dar mantenimiento, por lo que, si eres de esta rama, ya calificas de forma inmediata. No obstante, el mayor reto con estas casas es que las personas no suelen querer reparar nada que no esté roto, por lo que, si es una necesidad inmediata para una reparación, es casi seguro que van a comprar.

Otros aspectos en los que te puedes fijar para hacer cada conversación única son:

- Material de la casa
- Rasgos únicos de la casa
- Preocupaciones generales de la persona
- Área circundante
- Niños y mascotas

Oídos sordos

Muchos vendedores se concentran demasiado en lo que dicen y no tanto en escuchar. Debido a esto, muchos vendedores suelen dejar pasar oportunidades o ignorar pistas valiosas de los clientes, todo por estar demasiado concentrado en hablar. Estas pistas pueden ser las que hagan la diferencia para personalizar el mensaje y aumentar las probabilidades de la venta.

Es curioso que los vendedores que cometen el primer pecado suelen cometer este también, ya que están demasiado concentrados en repetir el mismo discurso de siempre y no ponen atención a lo que les dicen.

Escuchar es importante para saber cuándo está interesada una persona y también para saber cuando no vale la pena seguir invirtiendo tiempo.

Quizás la persona quiere comprar, pero el vendedor insiste en terminar su discurso o tal vez es una persona que acaba de perder su trabajo y no puede pagar un servicio de un año completo.

· · ·

Para ser un buen vendedor, debes aprender a poner atención a las señales verbales que comunican los posibles clientes. Los vendedores que se quedan atorados en el segundo pecado se concentran tanto en lo que quieren decir que no se fijan en todas las pistas que les podrían ayudar a determinar si vale la pena o no seguir con la conversación.

Cómo arreglarlo

La mejor manera de arreglar el segundo pecado es con la técnica "parar, dejar y preguntar". Cuando un posible cliente comienza a hablar, inmediatamente debes, parar de hablar.

Lo segundo es dejar de pensar en lo que sea que ibas a decir en ese momento.

No te preocupes si te quedaste a media oración, mejor concéntrate en lo que te está diciendo la persona, incluso si no tiene nada que ver con lo que estabas explicando. Ya sea que se relacione o no, debes dejar de lado lo que estabas diciendo.

. . .

Lo tercero es hacer al menos una pregunta de seguimiento al comentario o pregunta de la persona. Aunque sea algo completamente independiente de lo que estabas diciendo y de lo que haces en ese lugar, debes hacer una pregunta o dos respecto a lo que te han mencionado. Esto te ayudará a ganarte su simpatía y respeto, lo cual, en consecuencia, hará que sea más probable que te ponga atención y te haga preguntas respecto al producto o servicio que vendes.

Después de "parar, dejar y preguntar", tienes que hacer que la conversación regrese al tema en el que estabas para guiar al cliente a la posible compra. Para esto, puedes usar frases como, "como iba diciendo, el precio del producto...".

Si la persona te hace preguntas respecto a lo que tú estás vendiendo, entonces debes hacer varias preguntas relacionadas con lo que te acaba de decir.

Por ejemplo, a una pregunta como "¿Se encargan de las termitas?", puedes contestar con varias opciones:

- ¿Dónde ha notado que hay termitas?
- ¿Ha visto unas cuantas o muchas?
- ¿Las ha visto en los marcos de las puertas o en los muebles?

A esta técnica se le llama disparo de preguntas, y está diseñada para que los clientes noten el valor del producto o servicio. Cuando se utiliza esta técnica, es importante hacer las preguntas de forma consciente y no que parezca un interrogatorio.

Es importante concentrarse en la explicación de cómo funciona el servicio respecto a lo que ha preguntado el cliente. Al ajustar la explicación del servicio para que se ajuste a las necesidades del cliente, el vendedor tiene más probabilidades de mantener la atención de la persona y, al final, lograr la venta.

Escuchar con atención lo que los clientes potenciales están comunicando es una habilidad que se puede aprender y que demuestra que tienes interés en la persona con la que estás hablando, no solamente estás recitando un diálogo que has repetido en todo el vecindario.

Que se vuelva un hábito la técnica "parar, dejar y preguntar" cuando el cliente hable contigo. Esto te ayudará a demostrar respeto y atención, lo cual serán recíproco, y hace que el proceso de venta sea mucho más sencillo.

Sabelotodo

. . .

Es imposible saber todo lo que existe sobre el mundo de las ventas. Aun así, hay vendedores que creen que lo saben todo. Aquellos vendedores que tienen esta actitud se enfrentan con ciertos retos como ser capaz de realizar los ajustes necesarios para mejorar. No hay espacio para mejorar si crees que lo sabes todo.

Una actitud de sabelotodo es un obstáculo para el progreso y para la producción. Las habilidades para ser exitoso en el mundo de las ventas van cambiando y mejorando, por lo que hay que aprender constantemente. Aunque los patrones de conducta humana pueden ayudar a la toma de decisiones sobre qué decir y cuándo decirlo, no se puede decir que exista una táctica de ventas que funcione el 100% de las veces. Las personas con esta actitud de sabelotodo son su peor enemigo y nunca lograrán alcanzar todo su potencial.

Cómo arreglarlo

El nunca sabes qué cosa le puede interesar al cliente y que te pueda ayudar a crear una conexión con él. Cuando tienes una actitud de humildad, reconoces tus errores y buscas la manera de resolver los problemas. Lo sabelotodo nunca reflexionan cuando las cosas salen mal porque consideran que no fue su culpa. Para resolver este problema, hay que comenzar aceptando los errores y defectos de uno mismo y darse cuenta de que el aprendizaje, en este caso el de las ventas, es un proceso continuo que nunca terminará. Una forma de mejorar constantemente es tener la mente abierta al aprendizaje.

Algo que puedes hacer para aprender es tomar notas sobre lo que dice tu entrenador de ventas o lo que has leído en este libro. Cuando estés observando a tu entrenador vender en una puerta, debes prestar atención y tomar apuntes. Puedes anotar palabras, frases y otras cosas que diga o haga el vendedor, cosas que puedan ser una mejora para lo que tú mismo has dicho y hecho.

Intenta aprender algo de todas las personas en cada oportunidad.

Los vendedores deben saber aprender para prevenir que se vuelvan sabelotodo. Deben estar dispuestos a aceptar crítica de otras personas para seguir mejorando, igualmente nunca deben ofenderse por las críticas. Incluso el más novato de los vendedores puede enseñarte algo.

Otra técnica que ayuda a prevenir la actitud de sabelotodo es hacer que el cliente se vuelva el sabelotodo. Esto se logra utilizando frases de reconocimiento que establecen hechos. Por ejemplo:

- Como ya sabe…
- Estoy seguro de que ya sabe que…
- Usted que está familiarizado con…

Para lograr el efecto completo, estas frases deben venir acompañadas de un asentimiento de cabeza. Si se comunican de la forma adecuada, estas frases de reconocimiento empoderan al posible cliente, cuando en realidad es probable que no tengan idea de lo que estás hablando. Lo más importante es que la persona va a aceptar la información del vendedor como algo verdadero.

También están las frases que van después de otras oraciones informativas:

- ¿Tiene sentido para usted?
- ¿Verdad?
- ¿Me entiende?

Igualmente van acompañadas de un asentimiento para que la persona esté de acuerdo con lo que estás diciendo. Si ambas técnicas se usan de la forma correcta, el posible cliente sentirá que tiene el control de la conversación, cuando en realidad tú eres el que lleva la batuta.

En resumen, los tres pecados capitales de las ventas pueden ser corregidos, no importa que tanto caiga el vendedor en uno, dos o los tres. Conforme los vendedores hacen que cada conversación sea única, deben aprender a escuchar lo que les dicen y siempre buscarán alguna manera para mejorar, sólo así van a mejorar sus habilidades de ventas y el ingreso en sus carteras.

14

Tipos de ventas a puerta fría

MODELOS DE COMPENSACIÓN

Existen varias opciones estructurales para la forma en la que se manejan los vendedores. Todas se concentran en la idea de que cuando el vendedor logra una venta, al ganar dinero. La manera en la que se generan las ganancias es una parte muy importante que debes comprender de cada trabajo.

Estos son unos pocos de los ejemplos más comunes de modelos de compensación, y también explicamos sus aspectos favorables y desfavorables

Comisiones

Este modelo de compensación no tiene un salario. Las

ganancias del vendedor son variables y dependen de su habilidad para cerrar el trato. En este caso, los vendedores suelen ser independientes.

Su ventaja es que el sistema de pago es bueno para las personas que se motivan a sí mismas y tienen ganas de vender. Las personas que son buenas en este tipo de ventas consideran este mundo como una carrera y no sólo como un trabajo.

La desventaja es que puede ser difícil para personas con poca experiencia, ya que puede tomar algo de tiempo que comiencen a ganar suficiente dinero. Puede llevar a un cambio inesperado y a un ambiente negativo dentro de la compañía.

Margen bruto

Aunque no tiene un salario base, una comisión por margen bruto paga a los vendedores dependiendo de la cantidad de ganancias que ha generado. Por ejemplo, si el trato es por $1000, pero los costos asociados con la venta son de $300, entonces la comisión del vendedor es de $1000 menos $300, es decir, $700 de margen bruto.

Muchas de las compañías que utilizan esta estructura creen que las ventas deben ser productivas para la compañía Y, por lo tanto, pagan menos para las ventas que tienen un margen de ganancia menor.

El lado positivo es que el vendedor gana más dinero con productos o servicios que tienen márgenes de ganancia más altos, por lo que se concentran en los montos de venta elevados, lo cual resulta en más comisiones.

El lado negativo es que el vendedor no puede controlar las ganancias asociadas con el producto o servicio, por lo cual se puede frustrar cuando tiene menos comisiones de las que esperaba.

Comisión escalonada

Cuando una empresa utiliza el estilo de comisión escalonada, le paga más comisiones al vendedor cuando ha superado cierto nivel. Por ejemplo, un vendedor puede ganar el 5% de comisión de una venta de hasta $10,000, pero puede ganar un 3% adicional para las ventas que superen ese monto.

El aspecto positivo es que esta estructura beneficia a los vendedores que ya han cumplido con sus cuotas, para que así no dejen de trabajar. En los otros métodos, el vendedor puede dejar de trabajar una vez que ha cumplido con su meta, lo cual no es lo mejor para la compañía.

El aspecto negativo es que en los vendedores que no podrán superar su meta mensual pueden guardar algunos posibles clientes para el siguiente mes y, así, aumentar la comisión del siguiente mes al afectar la del presente mes, lo cual tampoco es lo mejor para la compañía.

Industrias populares

Muchas industrias emplean a los vendedores de puerta en puerta. Algunos de los nichos de ventas más populares en este ámbito son los siguientes.

Energía solar

Los principales vendedores de la industria del hogar son los que venden productos de energía solar, en especial los paneles solares. Los clientes acceden a que les instale paneles solares para así aprovechar la energía del sol.

· · ·

Los vendedores trabajan bien con esta industria porque es un proceso de venta que requiere una consulta para un producto complicado que funciona mejor en un encuentro uno a uno con el cliente.

Techos

Esta industria es más popular en otros países. Es bastante tradicional que los vendedores presenten las características y beneficios del nuevo techo para los dueños de las casas.

A los vendedores les va bien porque tienen acceso a la casa, al dueño de la casa, y a la persona que toma las decisiones. Los techos siempre necesitan reparaciones de vez en cuando.

Mejoras del hogar

Los vendedores a domicilio de mejoras del hogar le demuestran al posible cliente que su casa puede requerir una mejora o mantenimiento. El vendedor está dispuesto a hablar con las personas para hacer que tome una decisión. Ya que es una industria muy conocida, el vendedor puede saber si la persona quiere comprar en cuestión de minutos.

Sistemas de alarmas o de seguridad

Otra industria bastante popular en las ventas al domicilio son los sistemas de alarmas o de seguridad que protegen a las personas y sus propiedades. Se concentran en los dueños del hogar, por lo cual es muy importante ponerse en contacto con las personas que viven en la casa si se quiere tener éxito.

Telecomunicaciones

Los servicios de telecomunicación han sido exitosos en las ventas a domicilio porque es un producto que siempre tiene demanda, además de que se puede cambiar de compañía en cualquier momento. Por lo tanto, siempre hay una oportunidad en cada puerta.

Como en casos anteriores, los dueños y habitantes de la casa son quienes toman las decisiones, por lo cual se puede saber su interés rápidamente y con precisión.

Conclusión

Como has visto, el mundo de las ventas es relativamente sencillo, aunque tiene sus dificultades. La realidad es que vender productos y servicios de forma exitosa es una habilidad multifacética que sólo se puede aprender con mucha práctica y teniendo ganas de mejorar. Como con cualquier habilidad, hay que practicar y mejorar antes de ser exitoso. Las ventas a domicilio requieren suficiente tiempo en las puertas, interactuando con los posibles clientes para lograr dominar la curva de aprendizaje.

Los vendedores poco experimentados necesitan dos semanas para comenzar a sentirse cómodos con su acercamiento inicial. Este periodo de dos semanas también les proporciona a los vendedores una muestra de las preocupaciones de los clientes posibles.

· · ·

Por esta razón, un vendedor debe saber qué contestar para superar estas preocupaciones en cada encuentro.

Sin embargo, hay buenos vendedores que necesitan más de dos semanas para acostumbrarse. Que un vendedor sea lento para aprender, no significa que deba rendirse.

Simplemente se trata de aprender y de seguir mejorando. Recuerda que la confianza es algo que ayuda a cualquiera a mantenerse firme y positivo.

Cada vendedor es único respecto al tiempo que le toma superar la curva de aprendizaje. No importa cuánto tiempo le lleve, un vendedor debe monitorear su progreso con pequeñas mejoras diarias en cada puerta. Nunca deben compararse a sí mismos con otros que ya disfrutan del éxito, la paciencia es algo necesario para lograr el éxito. Cada vendedor puede aprovechar su potencial al trabajar duro y de forma inteligente para convencer a los posibles clientes de comprar su producto o servicio, incluso si es una persona a la que nunca hubiera considerado. El resultado es que se vuelve un vendedor a domicilio exitoso.

CPSIA information can be obtained
at www.ICGtesting.com
Printed in the USA
BVHW051746110521
606943BV00007B/1689